新时代智库出版的领跑者

感谢国家社科基金"'一带一路'沿线国家信息数据库"重大专项支持
（项目号：17VDL001，项目组长：刘元春）

本丛书为国家社科基金重大研究专项"推动绿色'一带一路'建设研究"
（项目号：18VDL009）、国家社科基金一般项目"新时代中国能源外交战略研究"
（项目号：18BGJ024）的阶段性成果

国家智库报告 2023（14）
National Think Tank

"一带一路"区域国别丛书 09

总主编 刘元春　执行主编 许勤华

中国人民大学
国家发展与战略研究院
National Academy of Development and Strategy, RUC

土库曼斯坦的中立模式：地缘安全与能源经济

孙超　吴靖　著

TURKMENISTAN'S NEUTRAL MODEL:
GEOPOLITICAL SECURITY AND ENERGY ECONOMY

中国社会科学出版社

图书在版编目(CIP)数据

土库曼斯坦的中立模式：地缘安全与能源经济/孙超，吴靖著.—北京：中国社会科学出版社，2023.6

（国家智库报告）

ISBN 978-7-5227-1629-9

Ⅰ.①土… Ⅱ.①孙…②吴… Ⅲ.①能源经济—经济合作—国际合作—研究—中国、土库曼 Ⅳ.①F426.2②F436.362

中国国家版本馆 CIP 数据核字（2023）第 050826 号

出 版 人	赵剑英
项目统筹	王 茵　喻 苗
责任编辑	范晨星　范娟荣
责任校对	李　莉
责任印制	李寡寡

出　　　版	中国社会科学出版社
社　　　址	北京鼓楼西大街甲 158 号
邮　　　编	100720
网　　　址	http://www.csspw.cn
发 行 部	010-84083685
门 市 部	010-84029450
经　　　销	新华书店及其他书店

印刷装订	北京君升印刷有限公司
版　　　次	2023 年 6 月第 1 版
印　　　次	2023 年 6 月第 1 次印刷

开　　　本	787×1092　1/16
印　　　张	7.25
插　　　页	2
字　　　数	70 千字
定　　　价	39.00 元

凡购买中国社会科学出版社图书，如有质量问题请与本社营销中心联系调换
电话：010-84083683
版权所有　侵权必究

中国人民大学国家发展与战略研究院
"一带一路"区域国别丛书
编委会

编委会委员（排名不分先后）

王　轶　杜　鹏　刘元春　严金明　杨光斌

陈　岳　金　鑫　林　晨　张晓萌　金灿荣

蒲国良　黄大慧　邢广程　杨　恕　孙壮志

王　帆　戴长征　王逸舟　陈志瑞　王　振

达　巍　翟　崑　许勤华　翟东升　马　亮

总　序

中国人民大学国家发展与战略研究院"一带一路"研究中心集中国人民大学国际关系学院、经济学院、环境学院、财政金融学院、法学院、公共管理学院、商学院、社会与人口学院、哲学院、外国语学院和重阳金融研究院的相关人文社科优势学科团队共二十位研究员，组成了中国人民大学国家高端智库领导下的全校"一带一路"研究的整合平台和多学科研究团队，着力于提供"一带一路"倡议的智力支持，为学校"一带一路"研究、区域国别学科和国家安全学科建设作出贡献。

团队围绕"一带一路"建设与中国国家发展、"一带一路"倡议对接沿线国家发展战略、"一带一路"倡议与新型全球化、"一带一路"倡议关键建设领域（基础设施投资、文明互鉴、绿色发展、风险治理、区域整合）四大议题展开研究，致力于构建"一带一路"沿线国家信息数据库,并在大数据基础上,深入分析沿线国家军事、政治、经济、社会和环境变化,推出"一带一路"区域国别丛书年度系列,为促进"一带一路"建设夯实理论基础,提供政策制定的智力支撑。国别报告对"一带一路"地区关键合作64个对象国进行分类研究,规划为文化系列、安全系列和金融系列三个系列。

习近平主席倡导国与国之间的文明互鉴,强调文化共融是国际合作成败的基础,深入了解合作国家的安全形势是保障双方合作顺利的前提,资金渠道的畅通是实现"一带一路"建设共商、共建、共享的关键。当今世界正在经历百年未有之大变局,"一带一路"倡议面临着巨大的机遇与挑战,因此我们首先完成国别研究的安全系列,希冀为"一带一路"合作保驾护航。在国家社科重大项目"'一带一路'沿线国家信息数据库"(项目组长刘元春教授)完成后,数据库将在条件成熟时,尝试以可视化形式在国发院官网呈现。这也是推出国别报告正式出版物的宗旨。国发院积极为国内外各界提供内部政策报告以及产学研界亟需的社会公共研究产品,作为"世界一流高校"为国家社科建设贡献一份力量。

感谢全国哲学社会科学工作办公室的信任,感谢项目其他两个兄弟单位上海社会科学院和兰州大学的协作，三家在"一带一路"建设重大专项国别和数据库项目研究中通力合作、充分交流，举办了各类学术交流活动，体现了在全国哲学社会科学工作办公室领导下的一种成功的、新型的、跨研究机构的合作研究形式，中国人民大学能够作为三家单位合作研究的秘书处单位深感荣幸。

项目执行组长　许勤华
中国人民大学国际关系学院教授
中国人民大学国家发展与战略研究院副院长
中国人民大学欧亚研究院执行院长

摘要：土库曼斯坦位于中亚西南部，是联合国承认的永久中立国。土库曼斯坦以其丰富的油气等资源储备、和谐的族群关系、稳定的政治体制获得了重要的发展机遇。本报告将以"'一带一路'沿线国家信息数据库"为基础，重点研究土库曼斯坦的中立模式，为加强在"一带一路"倡议下深化中国与土库曼斯坦的合作提供参考。土库曼斯坦积极调整中立身份的内涵，推动能源出口战略变革。同时，依据中立身份要求，土库曼斯坦将能源合作伙伴分为可信赖国家、中间国家和不友好国家三种类型，发展出不同程度的合作关系。土库曼斯坦的中立模式和能源战略在不同时期（天然气出口单一时期、合作伙伴构建时期和能源出口多元化时期）形成了各自的阶段性特点。当前，土库曼斯坦谋求以更积极的姿态处理地区能源争端，在全球能源治理体系和油气地缘政治博弈中发挥重要作用，不断提升地区和国际影响力。

关键词：土库曼斯坦；永久中立；能源经济

Abstract: Turkmenistan, located in southwestern Central Asia, is a permanent neutral state recognized by the United Nations. Turkmenistan, with its rich oil and gas reserves, history, harmonious ethnic relations and stable political system, has gained important development opportunities. Based on the Information database of Countries along the Belt and Road, this book will focus on Turkmenistan's neutrality model and provide the reference for strengthening the cooperation between China and Turkmenistan under the Belt and Road Initiative. Turkmenistan has actively adjusted the connotation of neutral status and promoted the reform of energy export strategy. At the same time, according to the requirement of neutral status, Turkmenistan divided its energy partners into three types: reliable nations, intermediate nations and unfriendly nations, and developed different levels of cooperation. Turkmenistan's neutral diplomacy and energy strategy in different periods (single natural gas export period, partner construction period and energy export diversification period). At present, Turkmenistan seeks to handle regional energy disputes in a more active manner, play an important role in the global energy governance system and the geopolitical game of oil and gas, and constantly enhance its regional and international influence.

Key words: Turkmenistan; Permanently Neutral Status; Energy Economy

前　言

土库曼斯坦是亚洲唯一的永久中立国。1995 年，土库曼斯坦宣布了"永久中立"的政策，其中立外交一直受到各方欢迎，也为本国经济发展和天然气出口创造了良好的外部环境。土库曼斯坦以中立为骄傲，举国上下珍惜中立身份，认同中立原则，以中立谋求发展。永久中立国的地位使土库曼斯坦成为当地的维和中心，其在推动地区合作、解决地区冲突方面发挥积极的作用。

土库曼斯坦的中立身份与其天然气出口存在密切的联系。中立外交必然要求土库曼斯坦在对外交往中采取制衡战略，以此捍卫独立自主和国家安全。土库曼斯坦地处欧亚大陆油气资源核心地带，是世界油气通道的桥梁。然而，土库曼斯坦独立后的一段时间，能源运输通道只能沿用苏联时代修建的油气管道，没有自主的出口渠道，在油气出口量、能源价格和过境运输上依赖他国。为获得能源经济的独立自主并推动经济增长，土库曼斯坦需在中立身份之下推动出口多元化，拓展油气合作的地缘经济空间，在同大国合作中逐渐形成独特的合作模式，并在开发南亚、欧洲和中国市场时维持重要的平衡。

本报告是国家社会科学基金重大专项"一带一路沿线国家信息数据库"（项目编号：17VDL001）阶段性成果，将为推进国内在"一带一路"领域和中亚地区的国别研究提供参考。作为中亚国别研究课题组的负责人，我衷心感谢中国人民大学国家发展与战略研究院许勤华教授对本报告在构思、写作和修改过程中的大力支持，同时衷心感谢中国社会科学院俄罗斯东欧中亚研究所副所长庞大鹏老师、《俄罗斯东欧中亚研究》编辑部主任李中海老师及苏畅老师提供的宝贵建议，感激中国人民大学欧亚研究院和江苏省委党校国际问题研究中心的领导、老师以及研究助理王敏敏、张逸飞的支持和协助。本报告的撰写是与国际问题研究中心助理研究员吴靖的共同合作成果。由于本团队的能力、时间和条件所限，本报告还存在诸多纰漏之处，请同行和读者谅解并不吝批评。

2022 年 7 月于南京

目　　录

绪　论 …………………………………………… （1）

一　土库曼斯坦国情状况 ……………………… （5）
　（一）基本国情 ………………………………… （5）
　（二）起源与历史 ……………………………… （8）
　（三）土库曼斯坦部落族群及其关系 ………… （11）

二　土库曼斯坦国情的独特形态 ……………… （15）
　（一）民族—国家建设颇具成效 ……………… （15）
　（二）超级总统制确保政局稳定 ……………… （17）
　（三）伊斯兰世俗化发展迅速 ………………… （21）
　（四）奉行永久中立外交 ……………………… （25）
　（五）地区多边外交新进展 …………………… （27）

三　土库曼斯坦的能源战略与中立外交 ……… （34）
　（一）问题的提出 ……………………………… （34）

（二）文献分析与理论框架 …………………（40）
（三）中立外交下土能源合作国的类型
　　　划分 ……………………………………（47）

四　土库曼斯坦的天然气出口通道建设 …………（57）
（一）天然气出口单一阶段（1991—
　　　1997年）…………………………………（59）
（二）能源合作伙伴构建阶段（1997—
　　　2009年）…………………………………（60）
（三）天然气出口多元化阶段（2009年
　　　至今）……………………………………（66）

五　结语 ……………………………………………（83）

参考文献 …………………………………………（86）

绪　　论

土库曼斯坦是"一带一路"沿线的重要合作国，位于中亚西南部的内陆国家。土库曼斯坦濒临里海，有世界排名第二的卡拉库姆运河（1375千米），有闻名世界的汗血宝马，更蕴藏着异常丰富的天然气和石油等资源。独立以来，土库曼斯坦因其独特的历史、能源禀赋和永久中立的对外政策，在中亚地区呈现出别样的特点。作为"高度互信和真诚友好"的战略伙伴，土库曼斯坦坚定奉行对华友好政策。两国各领域的合作都达到历史最高水平，中土关系是中国推动"一带一路"倡议、携手周边近邻构建人类命运共同体的典范。

土库曼斯坦是亚洲唯一的永久中立国。1995年，土库曼斯坦宣布了"永久中立"的政策，其中立外交一直受到各方欢迎，也为本国的经济发展和天然气出口创造了良好的外部环境。土库曼斯坦以中立为骄傲，举国上下珍惜中立身份，认同中立原则，以中立谋求发展。永久中立国的地位使土库曼斯坦成为当地的维和中心，其在推动地区合作、解决地区冲突方面发挥着积极的作用。

土库曼斯坦的中立身份与其天然气出口存在密切的联系。中立外交必然要求土库曼斯坦在对外交往中采取制衡战略，以此捍卫独立自主和国家安全。土库曼斯坦地处欧亚大陆油气资源核心地带，是世界油气通道的桥梁。然而，土库曼斯坦独立后的一段时间，能源运输通道只能沿用苏联时代修建的油气管道，没有自主的出口渠道，在油气出口量、能源价格和过境运输上依赖他国。为获得能源经济的独立自主并推动经济增长，土库曼斯坦需在中立身份之下推动出口多元化，拓展油气合作的地缘经济空间，在同大国合作中逐渐形成独特的合作模式，并在开发南亚、欧洲和中国市场时维持重要的平衡。

在中立身份的引导下，土库曼斯坦以更积极的姿态处理地区能源争端，在全球能源治理体系和油气地缘政治博弈不断获得新的优势。从土库曼斯坦第一任总统萨·阿·尼亚佐夫时期提出的"建设性中立"到2006年库尔班古力·别尔德穆哈梅多夫总统推出的"开放中立"战略，土库曼斯坦的中立身份的内涵逐渐发生变化。新的中立身份在对外交往和能源合作方面的优势逐渐显现，不仅吸引了大量外资和外国石油公司开展能源开发和建设，也加快了能源出口通道的建设，大大拓展了土库曼斯坦的天然气对外合作空间。

土库曼斯坦开国领袖尼亚佐夫指出，"亚洲大陆任何时候都找不到不附加任何条件就能解决尖锐国际问题的场所……新的政治现实使得有必要在我们这个地区建立类似的中心"①。土库曼斯坦的自信源于身兼地区能源出口大国和永久中立国家的双重身份。通过以更积极的姿态利用中立国地位的优势，土库曼斯坦在处理地区能源争端、建设国际油气治理体系和维持全球油气地缘政治平衡中发挥更重要的作用。可以说，土库曼斯坦的永久中立不仅为解决本国能源出口依赖性危机创造条件，还能塑造一个更为积极正面的国际形象，从而在国际体系中确立自己的地位。

建交30年来，中土关系实现了跨越式的发展。双方积累了深厚的友谊，高层和民间往来频繁。习近平总书记指出，中国是第一个与土建交的国家，第一批支持土方奉行永久中立政策的国家，是土方第一个以政治文件形式确立的战略伙伴，也是土方第一大天然气贸易伙伴。② 2013年，中土双方建立战略合作伙

---

① ［土库曼斯坦］萨·阿·尼亚佐夫：《永久中立 世代安宁》，赵常庆等译，东方出版社1996年版，第20页。
② 《习近平同土库曼斯坦总统别尔德穆哈梅多夫就中土建交30周年互致贺电》，《人民日报海外版》2022年1月7日第1版。

关系，与此同时，土库曼斯坦"复兴"气田一期工程竣工投产，两国合作稳步前进。在新冠疫情期间，两国人民相互帮扶，和衷共济，在疫苗合作、贸易合作上取得了很大的成就。当前，两国将加强"复兴丝绸之路"与"一带一路"倡议的进一步对接，推动塑造中土命运共同体。

本报告将以"'一带一路'沿线国家信息数据库"为基础，重点研究土库曼斯坦的中立模式，为加强在"一带一路"倡议下深化中国与土库曼斯坦的合作提供参考。本报告将分为五个部分：第一部分简要分析土库曼斯坦的基本国情；第二部分梳理土库曼斯坦在民族—国家建设、超级总统制构建、伊斯兰世俗化发展情况、永久中立国政策和地区外交层面的成就；第三部分主要分析土库曼斯坦"永久中立"身份如何塑造能源经济和地缘安全。土库曼斯坦积极调整中立身份的内涵，推动能源出口战略变革。同时，依据中立身份要求，土库曼斯坦将能源合作伙伴分为可信赖国家、中间国家和不友好国家三种类型，发展出不同程度的合作关系。第四部分分析土库曼斯坦的中立模式和能源战略在不同时期（天然气出口单一阶段、能源合作伙伴构建阶段和天然气出口多元化阶段）形成的阶段性特点。最后一部分用于总结。

一　土库曼斯坦国情状况

（一）基本国情

土库曼斯坦（英语：Turkmenistan，土库曼语：Түркменистан）位于亚欧大陆中部，南邻伊朗，东南与阿富汗接壤，北部大部分领土与乌兹别克斯坦接壤，在西北部同哈萨克斯坦相邻，与俄罗斯和阿塞拜疆隔里海相望。

土库曼斯坦国土面积49.12万平方千米，是中亚国土面积第二大的国家，仅次于哈萨克斯坦。其中大部分领土位于图兰低地（Turan Plain）内，平原占国土面积的85%，山地地形占国土面积的15%。土库曼斯坦深居欧亚大陆腹地，气候干燥，除里海沿岸等少部分地区外，该国大部分地区属于典型的温带大陆性气候，夏季炎热干燥，冬季寒冷少雨（雪）。干燥的气候和低平的地势使得土库曼斯坦境内水资源匮乏，水资源量在中亚五国中处于最低。其境内的河流主要分布在该国东部和南部，有阿姆河、卡拉库姆运河等。土库曼斯坦首都为阿什哈巴德，地处该国南部，科佩特山脉北麓，距离土伊边境线仅40多千米，同时该城市也是土库曼斯坦国内唯一一座中央直辖市。除首都阿什哈巴德外，土库曼斯坦全国共划分为阿哈尔、巴尔坎、达绍古兹、列巴普和马雷五个州。城市主要分布在河流沿线、山麓绿洲和里海滨海地带，由于国土中部被沙漠覆盖，因此城市主要呈环状分布在该国边境线附近。根据联合国统计数据，截至2021年7月1日，土库曼斯坦人口总量为603.1万人，人口自然增长率为16.9%，人口密度约12人/平方千米。[①] 除首都阿什哈巴德外，该国人口还分布在土库曼巴希、马雷、达绍古兹等城市。土库曼斯坦为多民族国家，约有120多个民族。其中，土库曼族占到总人口的94.7%，其余为乌孜别克族（2%）、俄罗斯族（1.8%）。此外，还有哈萨克族、亚美尼亚族、鞑靼族、阿塞拜疆族等民族（共1.5%）。[②]

在中亚五国中，仅有土库曼斯坦和哈萨克斯坦拥有里海海（湖）岸线。位于里海东南部的土库曼斯坦

---

① 详情参见 The United Nations（http：//data. un. org/en/iso/tm. html）。

② 中华人民共和国驻土库曼斯坦大使馆：《土库曼斯坦国家概况》，http：//tm. chinaembassy. org/gqzl/ tkmstgk/。

海岸线长约 1200 千米，沿岸面积达 7.8 万平方千米，大部分为洼地和平原，同时拥有里海部分水域，包括卡拉博加兹戈尔湾、土库曼巴希湾和土库曼湾三个海湾。土库曼斯坦国内的航运港口主要集中在里海沿岸地区，包括土库曼巴希等地。其中土库曼巴希港是土库曼斯坦最大的港口，将土库曼斯坦与里海西岸国家相连，是该国西部的对外门户。[①]

土库曼斯坦境内矿产资源非常丰富，该国是世界上油气资源储量最丰富的国家之一。据英国石油公司BP 统计数据，截至 2020 年年末，土库曼斯坦总探明石油储量 6 亿桶，即 1 亿吨，储采比[②]（R/P radio）为 7.6%，2020 年产量为 1030 万吨，日产量 21.6 万桶。土库曼斯坦总探明天然气储量为 13.6 万亿立方米，占当年世界总储量的 7.2%，居世界第四、中亚第一。2020 年产量为 590 亿立方米，占当年世界总产量的 1.5%。[③] 据兰州大学土库曼斯坦研究中心数据估计，该国石油远景储量为 68 亿吨，天然气远景储量可达

[①] 王利众、许金铭、乌亚罕编：《"一带一路"国别概览——土库曼斯坦》，大连海事大学出版社 2018 年版，第 1—12 页。

[②] Reserves – to – production（R/P）ratio：储产比，又称储采比。剩余可采储量与当年产量之比，是衡量油气田生产能力的一项指标。

[③] "BP Statistical Review of World Energy 2021", BP, 70th Edition, 2021.

22.8万亿立方米。①

里海沿岸和阿姆河沿岸是土库曼斯坦的主要油气产地，出现了"加尔金内什""巴吉亚利克"等十余个天然气大型产地。② 中国是土库曼斯坦第一大天然气进口国。自2009年中国—中亚天然气管道A/B/C线通气以来，土库曼斯坦已累计对华输气超过3340亿立方米。目前中国—中亚天然气管道D线正在建设中，该管线通气后，预计土库曼斯坦对华供气量将增加到650亿立方米/年。能源合作是中土合作最重要的一个方向。中国"一带一路"倡议同土库曼斯坦"复兴丝绸之路"发展战略对接不断深化，中土关系已经成为中国构建周边国家命运共同体的典范。③

（二）起源与历史

土库曼斯坦历史悠久，史前时期就有人类在这片土地上活动。历史上波斯人、马其顿人、突厥人、阿拉伯人、蒙古人陆续在此地建立政权，各族群与当地

---

① 《土库曼斯坦矿产资源》，http：//tkmst.lzu.edu.cn/m/detail.php? aid = 12228。

② Suvalova Yuliya、李鲁奇、孔翔：《土库曼斯坦外商直接投资环境研究》，《世界地理研究》2020年第2期。

③ 《驻土库曼斯坦大使钱乃成出席中石油在土新气田投产仪式》，2022年6月20日，中华人民共和国外交部网站，https：//www.mfa.gov.cn/zwbd_ 673032/wshd_ 673034/202206/t20220620_ 10706300.shtml。

部落逐渐融合，在此基础上形成了土库曼人，土库曼斯坦意为"土库曼人的土地"。土库曼人的祖先被称为乌古斯人（奥古兹）或古思人，15世纪前后，土库曼族才基本形成。这一时期，土库曼人逐渐定居下来，一部分人的生产生活方式由游牧转为农耕与畜牧业相结合。里海沿岸的一些土库曼人，从陆地走向了水域，成为穿梭在里海上的商人。他们的经商活动，加强了土库曼人和俄罗斯人之间的联系。正是这份联系，让沙皇俄国在扩张的过程中，注意到了土库曼人的这片土地。石油、天然气储量尤为丰富的土库曼斯坦，一直被俄国视为囊中之物，俄国通过频繁派遣考察队，收集土库曼斯坦情报和资源分布情况，为19世纪的一系列征服活动"打前哨"[1]。在沙俄统治时期（1869—1916年），土库曼人尚未形成现代民族国家的认同感，氏族部落结构和游牧半游牧农业仍是他们主要的社会结构和生产方式，对民族认同和国家统一的概念也较为模糊。[2]

1918年4月，包含了土库曼斯坦大部分土地的突厥斯坦苏维埃社会主义自治共和国成立，随后演变为土库曼苏维埃社会主义共和国，于1925年正式成为苏

---

[1] 王利众、许金铭、乌亚罕编：《"一带一路"国别概览——土库曼斯坦》，大连海事大学出版社2018年版，第28页。
[2] 王四海、魏锦：《对土库曼人及其民族国家构建的若干认知——基于历史与现实观察视角》，《青海民族研究》2021年第3期。

联的一个加盟国。在苏联时代，纷繁的国家建设活动促使土库曼人从落后的部落社会直接过渡到社会主义社会。在计划经济的统一调配下，土库曼苏维埃社会主义共和国的农业现代化发展迅速，逐步掌握灌溉、化肥、机械化等农业技术。其工业建设也在苏联时期得到快速发展，为其能源工业体系的发展与完善奠定了基础。同时，在共和国体制与政治体系的逐步完善下，土库曼人"统一与稳定的现代国家"的认同在苏联时期得到了加强，特别是苏联实行的民族识别与划界政策，为土库曼民族文化发展提供了助力。[①] 1991年10月27日，土库曼苏维埃社会主义共和国正式宣布独立，改国名为"土库曼斯坦"，并于同年12月21日加入独联体。1992年3月2日，土库曼斯坦加入联合国。2005年8月，土库曼斯坦宣布退出独联体，仅保留联系国地位。

独立后的土库曼斯坦，依托先前工业基础、地缘与资源优势，立足"能源兴国"战略，积极发展与周边国家和其他地区的能源合作，促进能源出口的多元化，创造出特色的经济发展模式。土库曼斯坦在继续利用"中亚—中央"能源管线的同时，与伊朗、土耳其、阿联酋等国积极开展贸易活动。在中立外交赢得

---

① 王四海、魏锦：《对土库曼人及其民族国家构建的若干认知——基于历史与现实观察视角》，《青海民族研究》2021年第3期。

了稳定的发展环境状况下，土库曼斯坦的经济迎来了快速、稳定的发展阶段，比哈萨克斯坦、乌兹别克斯坦等国更早实现了能源富国战略目标。①

（三）土库曼斯坦部落族群及其关系

土库曼斯坦的主体民族是土库曼族，占总人口的94.7%。土库曼人的先祖是中世纪时期迁移到里海的西突厥奥古斯人，劳动生产方式以游牧为主，逐渐形成了以血缘关系为纽带，由部落联盟组成的松散结构。到中世纪，土库曼人的社会组织仍以原始的部落族群形态存在，各部落有明显的单一性和区域性特征。生活区域、部落名称、语言以及文化的明确划分使部落内部结合更加紧密，但部落族群之间经常各自为政，无法形成统一、联合的共同体。这也是土库曼人几个世纪以来一直被异族侵略和统治的重要原因。

据资料显示，土库曼斯坦的土库曼族有24个部落，而氏族群落的数量近5000个。每个部落人口数量差别较大，② 其中特克（Tekke）、约穆德（Yomud）、埃尔萨里（Ersari）是现今土库曼斯坦最大的三个部

---

① 许涛：《土库曼斯坦：卡拉库姆沙漠中的发展奇迹》，《中国投资》2015年第8期。

② 吴宏伟、肖飞：《土库曼人传统社会结构探析》，《中亚研究》2014年第5期。

族，占土库曼斯坦总人口的绝大多数。同一部族的不同分支聚居于不同地区（见表1-1）。

表1-1　　　　　土库曼斯坦的主要部族及其分布地区

部族	分支	分布地区
特克	阿哈尔特克	阿哈尔州，大体分布在土库曼斯坦中部偏南的人口稠密地区
	马雷特克	马雷州，位于阿哈尔州以东与伊朗和阿富汗接壤的地区
约穆德	西约穆德	巴尔坎州
	北约穆德	达沙古兹州
埃尔萨里	—	土库曼斯坦东北部的列巴普州与乌兹别克斯坦接壤的地区，集中在阿姆河河谷地区

资料来源：吴宏伟、肖飞：《土库曼人传统社会结构探析》，《中亚研究》2014年第5期。

在加入苏联之前，土库曼斯坦各部落经常处于敌对状态。19世纪后期，土库曼地区的部落被并入俄罗斯帝国，约穆德和特克这两大部落对俄帝国的统治持不同立场。约穆德人和马雷特克人效忠沙皇，而阿哈尔特克人不仅反抗俄帝国，还武力攻击支持俄国的约穆德部落。[①] 此外，水资源也是导致部落冲突的原因之一。土库曼斯坦加入苏联之后，苏联为了缓和部落间的紧张关系，维护土库曼斯坦国内的秩序，制定了

[①] 吴宏伟、肖飞：《土库曼人传统社会结构探析》，《中亚研究》2014年第5期。

"部族平等"的政策。① 该政策赋予了各部落平等获得政府职位和经济利益的权利。但是苏联时期的"部族平等"政策并不能完全抹平部落间关系的裂痕，相反在政治上造成了新的矛盾。

1991年土库曼斯坦独立后，首任总统尼亚佐夫来自阿哈尔特克部族，阿哈尔特克人的主要聚居地阿什哈巴德成为首都，国家的重点项目都优先在此开展。在政府官员任命方面，尼亚佐夫在任期间提拔了许多来自阿哈尔特克部族的干部，关键部门也由同部族的精英掌控。尼亚佐夫去世后，库尔班古力·别尔德穆哈梅多夫和谢尔达尔·别尔德穆哈梅多夫总统都来自阿哈尔特克族。受益于此，阿哈尔特克部族在社会生活、教育等方面都享受着较好的条件。尼亚佐夫时期阿哈尔特克部族获得了大量政治和经济资源，引起了一些部族的不满。他们认为尼亚佐夫是在建设一个"阿哈尔国家"②。因此特克族的官员去其他部族聚居的地区任职很难获得当地部族成员的认可与信任。③

为了缓和部族之间的矛盾，2019年，土库曼斯坦

---

① 秦屹、陈凤、王国念：《部族文化与土库曼当代社会》，《世界民族》2016年第6期。
② 吴宏伟、肖飞：《土库曼人传统社会结构探析》，《中亚研究》2014年第5期。
③ Adrienne L. Edgar, "Genealogy, Class, and 'Tribal Policy' in Soviet Turkmenistan, 1924–1934," *Slavic Review*, Vol. 60, No. 2, 2001.

政府公布了《2019—2025年经济和社会发展纲要》，其中专门制订了各州发展计划。政府将向全国五个州拨款近百亿马纳特，用于社会基础设施建设和民生改善，规划在2025年前完成多项医院、健康中心、幼儿园、学校、文化宫等基础设施项目。在经济发展、社会稳定与政治有序转型的前提下，土库曼斯坦的国家建设呈现出强大的活力，在维护中亚稳定和推进地区和平上发挥了重要的作用。

二 土库曼斯坦国情的独特形态

土库曼斯坦因其独特的地缘位置、历史、族群关系及能源禀赋，在中亚地区呈现出别具一格的样貌。一是民族—国家建设较为成功，族群关系和谐有力；二是塑造了独特的超级总统制，政局总体稳定有序；三是伊斯兰世俗化发展迅速；四是确立了以中立外交和油气出口为特征的国家发展战略，经济稳定；五是积极参与地区多边体制构建，多边外交取得新进展。

（一）民族—国家建设颇具成效

部落族群关系在土库曼斯坦的社会关系中十分重要，是国家政治建设和民众社会生活风俗形成的基础。1990年成立的土库曼斯坦长老会议在国内政治中发挥着重要作用。长老会议是由各部族德高望重的一百名长老组成，以复兴土库曼民族文化、维护各部族团结稳定为宗旨。[①] 土库曼人一般出生且成长于传统的部落环境中，部族身份在土库曼人的自我意识上留下深刻烙印，部族文化也融入于土库曼人生活的各个方面，这种部族文化构建了土库曼斯坦下层社会关系。因此，土政府采取积极措施消弭部族分歧，促进各部族和谐相处，同时也大力构建"土库曼民族"意识，削弱部落传统对社会的影响，增强整体民族意识和国家凝聚力。例如，土政府恢复和保护传统民族文化，成立世界阿哈尔捷金马协会、设立法定地毯节、赛马节等。

在经济方面，土库曼斯坦在确保国家政治安全和社会稳定的基础上，稳步推进政治转型和经济改革，建立民主现代化国家。土库曼斯坦充分发挥自然资源优势，以油气资源为支柱开展经济建设。但是，受到新冠疫情以及国际大宗商品价格波动加剧的影响，土库曼斯坦的经济压力增大。土库曼斯坦并没有采取激进的手段发展经济，而是在保证国家政局稳定的前提下实行循序渐进的经济改革，并且土政府还积极推进能源外交，拓宽与其他国家和国际组织的能源合作。当前，土库曼斯坦依据其中立政策，以能源为支撑采

[①] 秦屹、陈凤、王国念：《部族文化与土库曼当代社会》，《世界民族》2016 年第 6 期。

取多元路径提升国力,从而构建现代民族国家。①

在民生与社会建设方面,土库曼斯坦强调"国家——为了人民"的核心价值。为了提升人民生活水平,别尔德穆哈梅多夫总统将民生工程列为国家核心任务,财政预算向社会领域倾斜,制订并实施多种计划,旨在提高人民的生活水平。② 在新冠疫情蔓延的形势下,土政府积极防疫,同时采取措施缓和社会矛盾。例如提升医护人员的福利待遇,为老年人、孕妇等弱势群体免费接种流感疫苗等。③ 这些措施有力地维护了土库曼斯坦的社会稳定,为经济持续发展提供了保障。

(二) 超级总统制确保政局稳定

政治稳定一般是指国家政治生活秩序稳定,不存在全局性的政治动荡;国家政权具有连续性,合法政府存续时间长。④ 对发展中国家而言,建立一个有合法

---

① 王四海、魏锦:《对土库曼人及其民族国家构建的若干认知——基于历史与现实观察视角》,《青海民族研究》2021年第3期。
② 王四海、魏锦:《对土库曼人及其民族国家构建的若干认知——基于历史与现实观察视角》,《青海民族研究》2021年第3期。
③ 高焓迅:《2020—2021年土库曼斯坦国别报告》,载孙力主编《中亚黄皮书:中亚国家发展报告(2021)》,社会科学文献出版社2021年版,第330页。
④ 燕继荣主编:《政治学十五讲》,北京大学出版社2013年版,第286—287页。

权威的强大政府是防止社会动荡、确保政治稳定的必要途径。① 独立初期，中亚地区地缘政治形势严峻，周边国家政局动荡。阿富汗陷入严重的动乱，塔吉克斯坦也深陷内战泥潭。为维持国内稳定，保证国家发展的环境，土库曼斯坦赋予了总统较大的权力，经过三十余年的政治转型和发展，逐步形成了高度集权的"超级总统制"，确保了土库曼斯坦政治稳定。

土库曼斯坦是中亚五国中第一个制定和通过新宪法的国家。1992年5月18日通过的首部宪法规定，土库曼斯坦是一个民主、法制、世俗化的国家，实行三权分立的总统共和制。总统是国家元首和政府首脑，由全民直选产生，每届任期五年。独立后的土库曼斯坦赋予了总统较大的权力。根据宪法的规定，总统不仅统揽国家行政权力，有权提名内阁副总理及各部门负责人，可召集并主持内阁会议，还可以直接任命高级司法官员。② 根据2008年宪法的规定，总统的去留要由全民公投决定。

土库曼斯坦政治制度仍保留苏联时期的"议行合一"特点，苏联时代"最高苏维埃"的权力被拆分为

---

① 塞缪尔·P. 亨廷顿：《变化社会中的政治秩序》，王冠华、刘为等译，上海人民出版社2015年版，第1页。
② 《土库曼斯坦宪法》，https：//wipolex.wipo.int/zh/text/254618。

人民委员会和国民会议。① 2003 年，土通过第二部宪法，规定人民委员会是土常设最高权力机构，并设立"主席"一职，由总统掌握人民委员会的领导权。国民议会（Mejlis）即议会，是国家最高立法机构，由议长、副议长、各委员会主席和议员等组成，实行一院制。② 2020 年 9 月，土库曼斯坦议会通过了一项宪法修正案，将人民委员会与国民议会合并，实行两院制议会。上议院即人民委员会，由 56 名成员组成，其中 8 名成员由总统任命。现任议会上院议长为前总统别尔德穆哈梅多夫；下院即原国民议会。

　　土库曼斯坦独立三十余年以来，共有三位总统，尼亚佐夫、库尔班古力·别尔德穆哈梅多夫和谢尔达尔·别尔德穆哈梅多夫。尼亚佐夫是土库曼斯坦的首任总统，1999 年，议会通过决议，授权其无限期行使总统权力，尼亚佐夫成为终身总统。2006 年，尼亚佐夫因病去世。库尔班古力·别尔德穆哈梅多夫出任代总统兼武装力量代总司令，2006 年 12 月 26 日，他在人民委员会第十八次会议上被推举为总统候选人；2007 年 2 月 11 日，在大选中当选土库曼斯坦总统。经

---

① 王明昌：《中亚国家超级总统制的形成过程和特点》，《国际研究参考》2020 年第 12 期。
② 《土库曼斯坦宪法》，https：//wipolex.wipo.int/zh/text/254618。

过多次修宪其得以任职至2022年。[①] 2022年3月12日，土库曼斯坦提前进行总统选举，前任总统库尔班古力·别尔德穆哈梅多夫之子、前副总理，生于1981年的谢尔达尔·别尔德穆哈梅多夫以72.97%的得票率获胜。土库曼斯坦明确了以提前促成国家权力交接工程，保障国家稳定下"政治变通"的新路径。[②] 在一个明确实行任期制的国家，前两任总统均保持了长期连任，这得益于土库曼斯坦通过全民公投或直接修宪的方式，为总统连任提供了法律依据。

宪法赋予总统举行公投的权力。总统有权组建土库曼斯坦中央选举和全民投票委员会，可改变其组成、指定全民投票日期等。[③] 通过这种制度化的手段，总统的任期以公民投票方式延续，强化了权力获得的合法性，最大程度地保证了政权的稳定延续。[④] 通过相应的制度建设和法律构建，三次修宪为总统长期执政铺平了道路，使得土库曼斯坦在独立后的三十余年里保持了稳固的政治格局。通过权力集中，总统把握了国家长期大政方针走向，减少了政治运行中的不确定

[①] 王利众、许金铭、乌亚罕编：《"一带一路"国别概览——土库曼斯坦》，大连海事大学出版社2018年版，第44页。
[②] 石靖：《土库曼斯坦选出新总统》，《世界知识》2022年第8期。
[③] 《土库曼斯坦宪法》，https://wipolex.wipo.int/zh/text/254618。
[④] 孙超：《国家构建、民主化回应与中亚政治稳定的形成》，《国际关系研究》2019年第3期。

性，这是土独立三十多年来未出现政治危机的重要原因。

（三）伊斯兰世俗化发展迅速

土库曼斯坦绝大多数居民信仰伊斯兰教，全国89%的人口是逊尼派穆斯林，第二大宗教群体为基督教，其中主要是东正教基督徒，约占总人口的9%。[①] 2016年通过新版《宗教自由与宗教组织法》，其中规定土库曼斯坦保障宗教信仰自由，同时土政府采取了一些限制伊斯兰势力蔓延的措施。

1. 推动伊斯兰文化融入民族—国家建构之中

伊斯兰文化在土库曼人的社会生活中占有重要地位，对土库曼民族—国家建构具有重要作用，是土库曼斯坦民族认同的重要组成部分。但是作为一个世俗国家，土政府极力避免伊斯兰势力在政治上的扩张。

土库曼斯坦领袖将宗教文化与民族主义相结合，推动伊斯兰文化融入土库曼斯坦民族—国家建构的进程中。这一点在尼亚佐夫所著的《鲁赫纳玛》(*the Ru-*

[①] "Annual Report of The U. S. Commission on International Religious Freedom", U. S. Commission on International Religious Freedom, April 2021, p. 51.

hnama）中可见一斑。书中多次提到《古兰经》，称土库曼斯坦民族历史文化遗产与《古兰经》有同等重要的意义。①

……土库曼5000年的历史给我们留下了宝贵的精神遗产……对这些精神遗产要像对《古兰经》那样去诠释，要像吟诵神圣的《古兰经》的每个章节那样，把它内在的意义揭示出来！②

尼亚佐夫在任时期，《鲁赫纳玛》是土库曼人的重要书籍，被列为土国内大学的必修教材，③ 是官方的意识形态，对构建土库曼斯坦民族精神文化具有极为重要的意义。

库尔班古力·别尔德穆哈梅多夫总统也对土库曼斯坦民族主义进行诠释。2020年，别尔德穆哈梅多夫撰写的《土库曼人的精神生活》（*the Spiritual Life of the*

---

① ［土库曼斯坦］尼亚佐夫：《鲁赫纳玛》（*the Ruhnama*），李京洲、刑艳琦、侯静娜等译，土库曼斯坦国家出版局2003年版，第11、20、22、23、80、202、303、306页。

② ［土库曼斯坦］尼亚佐夫：《鲁赫纳玛》（*the Ruhnama*），李京洲、刑艳琦、侯静娜等译，土库曼斯坦国家出版局2003年版，第80页。

③ Victoria Clement Department of National Security Affairs, Naval Postgraduate School, "Articulating national identity in Turkmenistan: inventing tradition through myth, cult and language", *Nations and Nationalism*, Vol. 20, No. 3, 2014, pp. 554–556.

Turkmens），进一步阐释了民族信仰和文化，并被官方媒体称赞为"对青年精神和道德教育具有特殊价值"的作品。土官方媒体多次称别尔德穆哈梅多夫为"哈吉"（Hajji），这是对前往麦加朝圣的穆斯林的尊称。通过推动民族主义与伊斯兰文化相结合，土库曼斯坦较成功地将伊斯兰文化融入民族—国家建构进程中。

2. 防范和打击伊斯兰极端宗教势力

土库曼斯坦对宗教事务的管理和对宗教极端势力的打击，主要体现在以下几个方面。

第一，建立和完善法律框架。《土库曼斯坦宪法》规定国家政教分离，宗教组织不得干涉国家事务。2003年土颁布《宗教自由与宗教组织法》，2016年出台新版宗教组织法。法律对宗教注册登记、活动方式、宗教用品等方面做出详细规定。除了规范一般的宗教活动，土库曼斯坦还对宗教极端行为进行严厉惩治。《土库曼斯坦刑法典》中规定，故意煽动宗教仇恨的行为将得到惩治。

第二，建立宗教事务管理机构。土库曼斯坦继承了苏联管理宗教的制度——宗教事务理事会。宗教事务理事会附属于土库曼斯坦部长理事会，在苏联解体后继续存在。1994年重组后，更名为宗教事务委员会，附属于总统办公室，有利于土库曼斯坦政府对国内宗教的管理。① 宗教事务委员会由逊尼派穆斯林和俄罗斯东正教徒组成，没有其他少数宗教群体的代表。根据土库曼斯坦官方法律规定，宗教事务委员会旨在促进土库曼斯坦国内外不同教派的宗教组织相互了解与和谐共存。②

第三，采取一系列的措施打击伊斯兰极端宗教势力和恐怖主义。一是针对反极端主义和反恐怖主义立法。土库曼斯坦通过制定和完善相关法律，遏制宗教对国家政权的影响；对违法犯罪的宗教极端分子从重处罚；颁布《反恐怖主义法》，设置专门反恐怖主义机构等。二是土库曼斯坦努力提高自身反极端主义、反恐怖主义的能力，同时加强中亚国家间合作，打击跨国极端宗教势力。三是利用多边安全机制，加强国家合作，以应对极端主义和恐怖主义的威胁。反恐怖主义一直是独联体国家元首会议的重要议题。作为独联体国家的非正式成员国，土库曼斯坦积极参与独联体各层会议并和独联体国家磋商制定《反恐怖主义法》。③

---

① Shahram Akbarzadeh, "National identity and political legitimacy in Turkmenistan", *Nationalities Papers*, Vol. 27, No. 2, 1999, p. 285.

② Asma Jahangir, "Promotion and Protection of all Human Rights, Civil, Political, Economic, Social and Cultural Rights, Including the Right to Development", A/HRC/10/8/Add.4, January 12, 2009, p. 13.

③ 汪金国、王志远：《独联体国家〈反恐怖主义法〉：基础、框架、特征与挑战》，《兰州大学学报》（社会科学版）2021年第5期。

（四）奉行永久中立外交

　　土库曼斯坦奉行永久中立的外交政策。1995年12月12日，第50届联合国大会通过第50/80 A号决议，[①] 承认土库曼斯坦为永久中立国。土库曼斯坦成为第二次世界大战后首个以联合国大会决议方式被国际社会普遍承认的永久中立国。很快，土库曼斯坦人民委员会对宪法进行了修改和补充，将土库曼斯坦中立国地位写入宪法，奠定了国家大政方针的基本立场。[②]

　　土库曼斯坦的中立外交构想与其地缘环境息息相关。土库曼斯坦位于当今地缘政治世界中"心脏地带"的边缘，由于紧邻中东破碎地带，土被认为是欧亚大陆交汇区的门户国家。[③] 苏联解体后，中亚地区出现了地缘政治真空，里海沿岸丰富的石油资源和内陆的天然气吸引了欧美国家的注意，伊朗、巴基斯坦的伊斯兰势力也想在这一地区扩展其影响力，而俄罗斯依旧希望保持传统的权力优势。身处复杂的地缘环境，

---

　　① 详情参见 The United Nations（https：//www.un.org/zh/ga/50/res/a50r80.html）。
　　② 王利众、许金铭、乌亚罕编：《"一带一路"国别概览——土库曼斯坦》，大连海事大学出版社2018年版，第31页。
　　③ 索尔·科恩：《地缘政治学：国际关系的地理学》，严春松译，上海社会科学院出版社2011年版，第55—57页。

为维持国内政权稳定，为国家发展塑造良好的周边环境，土库曼斯坦选择了国家中立身份，与各方势力等距离交往。土中立外交政策的最初构建者——尼亚佐夫曾表示：他们确信独联体效率低下，土库曼斯坦对恢复独立自主与发展中亚及周边国家关系更感兴趣。良好的国家关系需要高度的信任和相互配合，对于刚独立且政策方向不明的土库曼斯坦来说，这就要求土库曼斯坦表明立场和态度。①

1992年，尼亚佐夫在欧洲安全与合作组织（以下简称"欧安组织"）领导人会议上提出了"政治上永久中立，经济上对外开放"的原则。1993年，尼亚佐夫首先在独联体内宣布自己是一个中立国。1995年3月，尼亚佐夫在经济合作与发展组织（以下简称"经合组织"）国家元首会晤中声明，土库曼斯坦希望成为联合国承认的中立国。②经过同其他国家和国际组织不断接触和磋商，最终在第50届联合国大会上，土库曼斯坦被确认拥有"永久中立地位"，其中立国身份得到了联合国的承认。

基于中立身份，土库曼斯坦同大国之间保持着中

---

① 龚猎夫：《积极中立　世代安宁——透视土库曼斯坦的中立政策》，《国际问题研究》2008年第2期。
② 龚猎夫：《积极中立　世代安宁——透视土库曼斯坦的中立政策》，《国际问题研究》2008年第2期。

立平衡的外交关系。看似纯粹的外交模式，在复杂的地缘现实中，也考验着土库曼斯坦对大国关系相处的智慧。能源合作是土库曼斯坦外交议程中最重要的一部分，国际形势的变化会引起其与大国之间能源贸易的变化。在大国博弈中小心保持中立平衡，不断扩大、加深与各方在能源及其他领域的合作，是土库曼斯坦在稳定中求发展的主要立足点。

土库曼斯坦十分珍视其永久中立身份，这不仅为它赢得了稳定的周边环境，也促进了本国经济发展和对外合作。中立外交是土库曼斯坦长期坚持的对外立场，也是该国"积极中立，世代安宁"美好愿望的体现。[①]

（五）地区多边外交新进展

土库曼斯坦与其他中亚四国面临着同样的安全威胁，包括恐怖主义、极端主义、民族分裂势力以及毒品交易等。土库曼斯坦奉行中立外交战略，对与中亚地区国家合作并不十分积极，但在维护地区安全方面，始终与其他中亚国家步调一致。2008年3月，土库曼斯坦召开首次外事工作会议，阐明"周边是首要，大

[①] 龚猎夫：《积极中立 世代安宁——透视土库曼斯坦的中立政策》，《国际问题研究》2008年第2期。

国是关键，国际组织是依托，推动能源出口多元化"的外交方针。2017年，土库曼斯坦通过《2017—2023年中立的土库曼斯坦外交政策路线方案》，坚持宪法中所规定的中立原则，实行开放、友好和广泛国际合作的外交政策。特别重视深化和发展与联合国、欧盟、独联体、上海合作组织（以下简称"上合组织"）等重要国际组织及世界各国在政治、经济、文化等方面的合作，继续致力于巩固其作为主权国家在国际舞台上的地位。当前，土库曼斯坦的地区多边外交在中亚地区一体化建设和上海合作组织外交层面取得了新进展。

1. 积极推动中亚一体化合作

2018年3月15日，中亚领导人时隔多年的会晤打破了中亚一体化僵局，土库曼斯坦的议会议长出席了此次会晤。2019年11月29日，中亚五国元首在塔什干进行了第二次会晤，土库曼斯坦总统别尔德穆哈梅多夫出席，给中亚一体化前景带来了更多的可能性。2021年8月7日，中亚国家第三次元首峰会在土库曼斯坦举行。此次会晤不仅彰显了中亚国家的友好交往和传统友谊，同时也提升了土库曼斯坦在地区多边外交中的地位。[①] 作为东道主，土

---

① 《中亚国家领导人磋商会议：五国元首发表联合声明》，2021年8月6日，https://www.inform.kz/cn/article_a3821107。

政府为此次峰会做了精心准备，会议上五国元首探讨了中亚地区多个议题并达成一致。会议之外，土政府举行了有关技术、工业和创新产品的展览会，旨在与中亚合作伙伴有效合作、交流经验。2022年，第四届中亚国家元首协商会议在吉尔吉斯斯坦举行，土库曼斯坦总统谢尔达尔·别尔德穆哈梅多夫在会议上表示，各国应着眼于建立强大的现代化基础设施，以确保连接中亚、欧洲、中东和亚太地区的运输系统。

在中亚一体化合作领域，土库曼斯坦与中亚四国在许多议题上达成一致。① 一是加强中亚地区的互通互联，包括传统交通设施网、能源管线的合作建设和数字设施互通互联。土库曼斯坦推出"复兴丝绸之路"概念，积极发展数字经济，出台了《土库曼斯坦2019—2025年数字经济发展构想》。② 二是保护和治理地区生态环境。各方均致力于防治荒漠化、合理利用水资源的生态问题。咸海生态危机给中亚国家敲响了警钟，地区国家应当在环境保护上通力合作。2019年，第73届联合国大会通过了土库曼斯坦倡议的《联

---

① 《中亚国家领导人磋商会议：五国元首发表联合声明》，2021年8月6日，https://www.inform.kz/cn/article_a3821107。
② 段秀芳、李凯凌：《新时期中亚地区经贸一体化背景、现状及前景探析》，《河北工程大学学报》（社会科学版）2021年第2期。

合国与拯救咸海国际基金合作决议》,[①] 希望借助国际社会的力量共同解决咸海问题。三是推进元首峰会制度化。在2019年的中亚领导人峰会上,土库曼斯坦总统库尔班古力·别尔德穆哈梅多夫提议建立五国协商机制和五国商业理事会。[②] 土库曼斯坦的这一主张对中亚五国开展更广泛的合作以及推动中亚一体化进程具有重要意义。四是探讨解决地区安全问题,这一问题始终是元首会议的重点。第三次会议中各方强调了共同克服疫情、开展核裁军和防扩散工作,重申了解决邻国阿富汗局势的重要性。

2. 积极推动与参与上海合作组织外交

2022年9月16日,土库曼斯坦总统谢尔达尔·别尔德穆哈梅多夫出席了上海合作组织成员国元首理事会第二十二次会议,土总统在会议上的发言强调了土与上合组织密切、友好的关系以及未来广阔的合作前景。[③] 土库曼斯

[①] 《土库曼斯坦助力里海区域一体化进程》,2020年12月25日,中国地质大学网,https://cugtkm.cug.edu.cn/info/1062/1389.htm。

[②] 《五国元首再聚首关注阿富汗,中亚一体化现"由内而外"新动向》,2019年12月2日,澎湃新闻网,https://www.thepaper.cn/newsDetail_forward_5115452。

[③] "Statement by H. E. Mr. Serdar Berdimuhamedov the President of Turkmenistan at the Summit of the Shanghai Cooperation Organization", https://www.mfa.gov.tm/en/articles/668.

坦准备与上海合作组织展开合作，并在政治、安全、经济、贸易与投资以及文化与人道主义领域建立灵活的合作机制。鉴于目前全球面对的复杂局面，土库曼斯坦需要承担起维护国家统一、促进和平发展、建立共同战略以维护全球和区域安全、反对冲突对抗及恶性竞争的特殊责任。鉴于上合组织在中亚地区预防和化解冲突方面发挥的重要作用，土方将努力促进与上合组织在各领域展开更密切的交流活动，在打击恐怖主义、极端主义、有组织犯罪、毒品贩运以及其他领域进行通力合作。依据《土库曼斯坦2017—2023年外交政策构想》，土库曼斯坦将扩大与其他国际和地区组织的关系，加强和平与安全、经济和人道主义方面的合作。这种合作有利于土库曼斯坦的发展。①

首先，土库曼斯坦和上海合作组织都致力于维护中亚地区安全并发展地区经济。在反恐问题上，土库曼斯坦作为中立国并未加入上合组织，无法参与上合组织成员的联合军事演习，但土政府在不同场合表达过反恐意愿，积极参与在联合国主持下和区域组织框

---

① "President Gurbanguly Berdimuhamedov: Foreign Policy of Turkmenistan is aimed at Creating Favorable Conditions for Internal Development and Promotion of National Interests in the Global Arena", February 18, 2017, https://www.mfa.gov.tm/en/articles/118.

架内进行的国际反恐合作。[①] 在禁毒方面，上海合作组织为中亚国家提供了合作平台，中俄两国在打击毒品违法犯罪活动方面经验丰富，能为中亚国家作出良好示范。其次，上海合作组织与土库曼斯坦在阿富汗问题上达成共识，希望利益攸关方能采用和平的方式解决争端。土库曼斯坦作为阿富汗的邻国，与阿富汗山水接壤，一个没有战争、恐怖、毒品的阿富汗有利于土库曼斯坦的经济发展和政治稳定。再次，土库曼斯坦受益于上海合作组织的经济活动。在能源交通运输方面，上海合作组织做出了许多成绩，实现了中亚地区铁路、公路、航线、油气管道、通信网络立体对接，推进中吉乌铁路、"中国西部—西欧"交通走廊等项目建设，[②] 为土库曼斯坦的经济发展和油气运输提供了便利。最后，土库曼斯坦同上海合作组织合作，在客观上有利于推动中亚地区一体化进程。例如，在上海合作组织和"一带一路"倡议框架下，中亚五国已形成共建"丝绸之路经济带"的共识。土库曼斯坦的"复兴古丝绸之路"与中国的"一带一路"倡议不谋而合，这两个倡议的对接，将推动各方在能源和基础建

---

① 何金科：《安全合作与中亚互惠共同体的构建：基于共生理论的研究》，《国际关系研究》2020年第6期。
② 赖毅：《中亚五国期待上合峰会取得务实成果》，《经济日报》2021年9月16日。

设两个领域取得切实成果。[①] 在上海合作组织这一平台上，中亚五国加强了共同体建设，加快推动中亚一体化进程。[②]

[①] 赖毅：《中亚五国期待上合峰会取得务实成果》，《经济日报》2021年9月16日。

[②] 何金科：《中亚安全共同体与中亚一体化趋势研究》，《国外理论动态》2020年第1期。

三　土库曼斯坦的能源战略与中立外交

（一）问题的提出

中立指的是国际法中的一种地位，不介入他国战争和冲突的国家被称为中立国。在国际关系中，当国家做出战时不介入其他国家的军事冲突、在和平时期不做出改变其中立状态的承诺，可以被视为"永久中立"（permanent neutrality）[1]。对小国而言，中立地位非常诱人，一方面可以避免卷入大国的地缘政治博弈，又可以用较小的成本维持地区权力均势。土库曼斯坦处于东西方的交汇处，拥有丰富的自然资源，但油气运输依赖苏联时期的管道设施，受俄罗斯能源政策的影响较大。同时，由于其地处内陆，对外输送天然气

---

[1] Christine Agius and Karen Devine, "'Neutrality: A Really Dead Concept?' A Reprise", *Cooperation and Conflict*, Vol. 46, No. 3, 2011.

易遭受更多的地缘政治障碍。① 这使得土库曼斯坦必须奉行一种更加周全的政策。建国初期的"建设性中立"将土库曼斯坦的发展同地区和全球进程联系在一起,符合土库曼斯坦的地理、历史与族群—文化现实。② 这种中立地位可避免土库曼斯坦陷入任何不平衡的联盟。但正如查尔斯·沙利文(Charles J. Sullivan)所言,中立外交虽然为土库曼斯坦政府在处理国际问题上提供了相当大的自由度,但同时也成为该国政治精英推动国家政治、经济与世界保持距离的方式。③

中立身份除了能维护独立自主之外,也塑造了国家的政治价值、国际形象与发展目标。④ 通过对外展示和平且友善的国际形象,中立身份往往让人看到的是该国的理想主义形象,从而遮掩了中立国也在追求权力的真实特质。随着全球化时代的到来,国内外安全环境愈加复杂,中立所依赖的威斯特伐利亚主权体系受到越来越大的挑战。学术界日益倾向将中立概念带

---

① Luça Zs. Vasánczki, "Gas Exports in Turkmenistan," Institute francais des relations internationales (IFRI), November 2011, https://www.ifri.org/sites/default/files/atoms/files/noteenergielvasanczki.pdf.

② Boris O. Shikhmuradov, "Positive Neutrality as the Basis of the Foreign Policy of Turkmenistan", *Perception: Journal of International Affairs*, Vol. 2, No. 2, 1997.

③ C J. Sullivan, "Neutrality in Perpetuity: Foreign Policy Continuity in Turkmenistan", *Asian Affairs*, Vol. 51, No. 4, 2020.

④ Laurent Goetschel, "Neutrality, a Really Dead Concept?", *Cooperation and Conflict*, Vol. 34, No. 2, 1999.

入世界政治中，讨论更为现实的权力议题。[①] 正如乔万尼·萨托利（Giovanni Sartori）所言，通过"抽象阶梯"（ladder of abstraction）对学术概念进行适当延展，有助于发展该概念不同程度的包容性或特殊性。[②] 在本报告看来，正是中立这一概念的灵活性，推动了中立身份研究的复杂性，不如将中立概念从"抽象阶梯"走下来，使之易于进行具体的国别研究分析。因此，基于国别研究的需要，本报告将中立身份解读为最大化国家利益的外交战略。

土库曼斯坦的中立身份与其天然气出口存在密切的关系。中立身份必然要求土库曼斯坦在对外交往中采取平衡战略，以此捍卫自主性与国家安全。土库曼斯坦地处欧亚大陆油气资源的核心地带，也是世界油气通道的桥梁。优越的资源禀赋和地缘位置，为土在国际油气贸易中赢得了高额的收入，也给其国民带来了稳定富足的生活，这是其国家政权得以长期存在的关键因素。[③] 然而土库曼斯坦独立后的很长一段时间，能源运输只得沿用苏联时期修建的油气管网，没有自

[①] Chritine Agius and Karen Devine, "'Neutrality: A Really dead Concept?' A Reprise", *Cooperation and Conflict*, Vol. 46, No. 3, 2011.

[②] Giovanni Sartori, "Concept Misformation in Comparative Politics", *The American Political Science Review*, Vol. 64, No. 4, 1970.

[③] 田野等：《国际贸易与政体变迁：民主与威权的贸易起源》，中国社会科学出版社2019年版，第258页。

主的出口渠道，在油气出口量、出口价格和过境运输方面均受制于俄罗斯。俄罗斯利用能源方面的这种影响，保持对土库曼斯坦的间接控制力，例如通过限制土库曼斯坦天然气出口来调整两国关系。① 1997 年，俄罗斯天然气工业股份公司因过境费支付问题，拒绝土库曼斯坦利用其管道出口天然气，使得当年土库曼斯坦的国民生产总值下降25.7%。② 因此，资金短缺、技术落后和管理能力薄弱固然是影响其能源资源潜力转化为经济实力的重大瓶颈，但更大的困难却是如何把丰富的油气产品输送到国际市场。③ 狭窄的能源出口通道，削弱了土库曼斯坦在国际能源市场上的竞争力，能源依赖型国家的脆弱性上升，限制了经济的进一步发展。

作为资源国，油气出口是土库曼斯坦经济发展的重要依托，也是土库曼斯坦内政外交的核心。为了维护本国经济利益，同时确立自己在国际能源体系中的影响力，形成有利的能源战略格局，土库曼斯坦认识到：推动能源出口多元化是降低政治经济双重风险、

---

① Kathleen J. Hancock, "Escaping Russia, Looking to China: Turkmenistan Pins Hopes on China's Thirst for Natural Gas", *China and Eurasia Forum Quarterly*, Vol. 4, No. 3, 2006.

② 赵龙庚：《土库曼斯坦：改革开放走新路》，《和平与发展》2008 年第 2 期。

③ 王海运、许勤华：《能源外交概论》，社会科学文献出版社 2012 年版，第 91 页。

保证出口经济效益的唯一途径。① 因此，土库曼斯坦谋求天然气出口多元化，努力寻找潜在可行的天然气消费市场。然而，令人不解的是，经过二十多年的发展，土库曼斯坦天然气出口虽然摆脱了对俄罗斯的依赖，却又面临新的担忧。

能源出口复杂的地缘政治性质，使得土库曼斯坦的管道修建面临双重挑战。一是土库曼斯坦所在的里海地区，以控制油气资源为目的的大国地缘政治博弈一向激烈。对能源的控制成为国际政治的一种重要权力。企图控制世界的大国，往往把掌握世界资源贮藏最丰富和开发条件最好的地区作为自己的目标。② 土库曼斯坦所在的里海地区国家都有大量可供出口的天然气，域内多个国家在资源议程上存在竞争。欧盟、俄罗斯、伊朗、阿塞拜疆和土耳其等国都对发展与土库曼斯坦的关系极感兴趣，也愿意同土库曼斯坦合作建设长距离油气管道。③ 为保证本国获得充足可靠的能源供给，各国总是极力涉足世界主要能源产地与重要运输路线，从而赢得主动地位。二是能源运输方式较为有限，油气运输极其依赖基

---

① 张磊：《"丝绸之路经济带"框架下的能源合作》，《经济问题》2015 年第 5 期。

② 张文木：《世界地缘政治中的中国国家安全利益分析》，山东大学出版社 2000 年版，第 134 页。

③ Annette Bohr, "Turkmenistan: Power, politics and petro-authoritarianism", Russia and Eurasia Programme, Chatham House, Royal Institute of International Affairs, Research Paper, 2016, p. 2.

础设施网络。土库曼斯坦没有通往公海的直接通道，无法同买家直接联系。这就决定了其贸易方式大多要采取管道运输。跨国油气运输管道将油气输出国、过境国、消费国的能源经济利益紧紧捆绑在一起，同时也要求相关国家分摊风险。在大国博弈的背景下，地区冲突、恐怖活动等都会对管道运输的安全构成威胁。

土库曼斯坦对油气产业的依赖，使之更容易受到世界市场和地缘政治的影响。很显然，土库曼斯坦并不希望对外关系受制于外部环境。通过"永久中立"战略，土库曼斯坦逐步实现了在大国间的权力平衡关系，在当前的能源竞争中取得了一定的成就。[①] 土库曼斯坦的"永久中立"与能源战略显然存在复杂的联系。那么两者到底是怎样的关联？换句话说，中立外交战略内涵的改变是否推动土库曼斯坦能源战略的变革，其中的联系机制是什么？为回答这一问题，本报告将探究土库曼斯坦的中立外交与其能源战略的互动关系，对其天然气出口通道自独立以来的变化发展进行过程追踪，并以土库曼斯坦与能源合作国的双边关系构建为例，解释其中立外交内涵的改变如何影响能源战略的变迁和能源外交的施展空间。

---

① İshak Turani, "Turkmenistan's Energy Independence Policy Regarding Sino‐Russian Competition: The Role of Permanent Neutrality in The New Great Game", *Avrasya Sosyal ve Ekonomi Araştırmaları Dergisi*, Vol. 8, No. 2, 2021, p. 347.

（二）文献分析与理论框架

土库曼斯坦是中亚最大的天然气生产国，在独立之后很快就宣布了"永久中立"的政策。自永久中立身份被承认以来，土库曼斯坦的中立外交一直受到各方欢迎，也为本国经济稳定发展创造了良好的环境。

土库曼斯坦以中立为荣耀，举国上下珍视中立身份，认同中立原则，以中立谋发展。外交实践也证明，土库曼斯坦的中立政策为其处理国际事务提供了重要帮助。永久中立国的地位使土库曼斯坦成为本地区的维和中心，在敦促各方通过政治外交途径以及采取必要的、行之有效的方法协调利益、解决各种矛盾方面具有建设意义。20 世纪 90 年代，根据土库曼斯坦的提议，在其首都阿什哈巴德成功举行了塔吉克斯坦政府与反对派、阿富汗各派政治力量间的和平谈判。[①] 这些都是土库曼斯坦通过政治外交手段解决国际争端的成功例子。

永久中立不仅可以视为土库曼斯坦的国家身份，更可被看作土库曼斯坦实现国家利益尤其是经济利益最大化的政治选择。随着全球化深入发展，政治与经

---

① ［土库曼斯坦］齐纳尔·鲁斯捷莫：《中立的土库曼斯坦——稳定与和平的保障》，《光明日报》2015 年 12 月 12 日第 5 版。

济的联系越来越紧密。作为能源出口国，土库曼斯坦若要利用资源禀赋发展经济，往往只能通过国家间的协议和国际组织来实现，这就要求土库曼斯坦在对外交往中采取更加主动积极的行为。同时，反对大国干涉、维护政权的需求，也使得土库曼斯坦不能抛弃其传统的中立原则。因此，维护体制安全和实现经济独立是土库曼斯坦对外战略的两大目标。在实践中，以中立外交来实现这两个目标，也会遇到一些困难。例如，西方国家对中亚的政策经常表现出经济外交与价值观外交相互叠加的特点。[①] 西方国家希望通过经济合作达到价值输出的目的，将合作对象国打造成"民主国家"[②]。这使得土库曼斯坦的中立外交不可避免地表现出明显的倾向性：接近尊重本国独立自主的国家，同时在大国之间小心行事，避免失去自主性。[③]

能源合作对资源国而言，不仅仅是一个经济行为，同时也是一种外交关系，必然受到国家对外战略的指导。合作中的"绝对收益"并不能自然推动信任，这

[①] 徐刚：《欧盟中亚政策的演变、特征与趋向》，《俄罗斯学刊》2016年第2期。

[②] 包毅：《中亚国家政治发展进程中的政治稳定与政治危机》，《俄罗斯东欧中亚研究》2016年第1期。

[③] İshak Turani, "Turkmenistan's Energy Independence Policy Regarding Sino‑Russian Competition: The Role of Permanent Neutrality in The New Great Game", *Avrasya Sosyal ve Ekonomi Araştırmaları Dergisi*, Vol. 8, No. 2, 2021, p. 334.

是因为国家财富的增长也往往会带来更多的怀疑和安全焦虑。正如肯尼思·华尔兹（Kenneth N. Waltz）所言，"关心自我"是国际事务的律令，对安全的考虑迫使经济收益服从于政治选择。① 土库曼斯坦的"关心自我"具体表现在中立外交的自主性上，这反过来又对能源合作形成了一定程度的制约。中立身份往往使土库曼斯坦在对外交往中带有天然的保守色彩。这也是为什么同为里海地区的天然气资源国，土库曼斯坦的天然气出口通道远比不上阿塞拜疆多元的原因。② 虽然安妮特·波尔（Annette Bohr）曾提出，中立外交的"不定特性"可使土得以灵活解释这一概念以适应外部环境。③ 但卢卡·安塞奇（Luca Anceschi）却认为，土的中立外交核心是维持体制安全、实现自主的对外政策，因而不利于能源出口战略的调整。④ 保罗·

---

① [美] 肯尼思·华尔兹，《国际政治理论》，信强译，上海人民出版社2008年版，第113页。

② R. Ibrahimov., "Energy strategy development of Azerbaijan, Turkmenistan and Uzbekistan: A Comparative Analysis", *Khazar Journal of Humanities and Social Sciences*, Vol. 21, No. 2, 2018, pp. 84 – 85.

③ Annette Bohr, "Turkmenistan: Power, politics and petro – authoritarianism", Russia and Eurasia Programme, Chatham House, Royal Institute of International Affairs, Research Paper, 2016, p. 64.

④ Luca Anceschi, *Turkmenistan's foreign policy: Positive neutrality and the consolidation of the Turkmen regime*, London and New York: Routledge, 2008; Luca Anceschi, "Integrating Domestic Politics and Foreign Policy Making: The Cases of Turkmenistan and Uzbekistan", *Central Asian Survey*, Vol. 29, No. 2, 2010, p. 149.

斯特罗斯基（Paul Stronski）也直接指出，土库曼斯坦的中立地位阻碍了其能源出口，使其在与邻国的竞争中处于劣势。[①] 格雷戈里·格雷森（Gregory Gleason）进一步提出，无论土政府改变中立外交内涵的意图为何，天然气出口存在无形的限制。[②] 图兰（İshak Turani）也指出，中立外交与其能源出口多元化战略之间存在矛盾，这是其能源多样化之路十分艰难的一大原因。[③]

虽然土库曼斯坦的中立身份不会改变，但随着土国内形势的变化，中立身份的内涵实际上也出现了一些转变。土特殊的政治生态使得识别这种转变较为困难，却也能从其与各方的互动和一些具体的政策变化中窥得一二。一些研究尝试对尼亚佐夫时期与别尔德穆哈梅多夫时期的"中立"作出区分，强调其差异。在尼亚佐夫时期，土中立外交主要为民族—国家建设提供有利的外部环境，是"建设性中立"，主要探索如何同外部世界相处。土库曼斯坦在独立之初宣布

[①] Paul Stronski, "Turkmenistan at twenty-five: The high price of authoritarianism", *Carniege Endowment for International Peace*, 2017, p. 12.

[②] Gregory Gleason, "Natural gas and authoritarianism in Turkmenistan", in I. Overland, Heidi Kjærnet and Andrea Kendall-Taylor, eds., *Caspian Energy Politics: Azerbaijan, Kazakhstan and Turkmenistan*, London and New York: Routledge, 2010, p. 78.

[③] İshak Turani, "Turkmenistan's Energy Independence Policy Regarding Sino-Russian Competition: The Role of Permanent Neutrality in The New Great Game", *Avrasya Sosyal ve Ekonomi Araştırmaları Dergisi*, Vol. 8, No. 2, 2021, pp. 332-349.

"永久中立",既可以保持政治的自主性,有机会采取私有化和投资等必要步骤,以保护本国的能源安全,同时又能阻止自身卷入地区的冲突激烈。土库曼斯坦独立不久就认识到了天然气出口高度依赖俄罗斯的问题。俄持续购买土天然气更多是出于政治目的,主要是维系与土的双边关系。① 这也与土外部形势的变化相符。随着俄罗斯与乌克兰等国在天然气问题上的博弈愈演愈烈,中亚国家普遍认识到只有能源出口多元化,才是降低政治经济双重风险、保证出口经济效益的唯一途径。② 庞昌伟通过数据分析认为,在多元化格局未形成时该国倾向于寻找新市场;而在格局形成后,消费国需求量的重要性高于价格。③ 由于过度依赖俄罗斯,土库曼斯坦不急于与俄罗斯建立更密切的关系,未来双方的关系将很大程度取决于两国能否在油气领域达成一致看法。④

库尔班古力·别尔德穆哈梅多夫就任后,土库曼

---

① Elena D, "The Key Role of The Energy – Related Factors in Current Russian – Turkmen Relations", *Russia and the Moslem World*, Vol. 310, No. 4, 2020, pp. 59 – 70.

② 张磊:《"丝绸之路经济带"框架下的能源合作》,《经济问题》2015 年第 5 期。

③ 庞昌伟:《里海油气管道地缘政治经济博弈态势分析》,《俄罗斯研究》2006 年第 2 期。

④ Garbuzarova E G, "Russia in Turkmenistan: the Policy of Strengthening Cooperation", *Post – Soviet Issues*, Vol. 7, No. 1, 2020, pp. 63 – 72.

斯坦宣布在永久中立的基础上实行积极开放政策。土库曼斯坦一改过去低调的行事风格，推行积极、开放的中立外交。① 哈佛大学的一项研究表明，尼亚佐夫总统去世后，新总统确实采取了更加开放的对外政策。② 塞巴斯蒂安·佩鲁斯（Sebastien Peyrouse）也明确提出，自别尔德穆哈梅多夫上台以来，土库曼斯坦已经纠正了"建设性中立"的外交方向，放松了永久中立政策，这将使得该国有机会在地区结构中明确自己的位置。③ 佐恩（I. S. Zonn）等学者考察了 2015 年土库曼斯坦的天然气出口情况，认为积极、开放的中立外交是其天然气出口通道取得突破的原因之一。④

至此，结合上述文献，可以得出分析土库曼斯坦中立外交与能源战略关系的框架（见图 3-1）。土库曼斯坦的中立外交同能源出口战略存在密切的相关性，并通过两种途径发挥作用：一是中立身份内涵的改变

---

① Charles J. Sullivan, "Neutrality in Perpetuity: Foreign Policy Continuity in Turkmenistan," *Asian Affairs*, Vol. 51, No. 4, 2020, p. 2.

② Martha Brill Olcott, "Turkmenistan: Real Energy Giant or Eternal Potential?" *James A. Baker III Institute for Public Policy Rice University*, 2013, p. 11.

③ Sebastien Peyrouse, *Turkmenistan: Strategies of power, dilemmas of development*, London and New York: Routledge, 2015, p. 195.

④ I. S. Zonn, S. S. Zhiltsov and A. V. Semenov, "Export of hydrocarbons from Turkmenistan: Results and perspectives", in Zhiltsov eds., *Oil and gas pipelines in the Black - Caspian Seas Region*, Springer International Publishing, 2016, p. 137.

（从建设性中立到开放中立）能够直接影响能源出口战略的调整；二是中立身份影响与能源合作国的双边关系构建，从而影响到能源合作倾向性的调整。

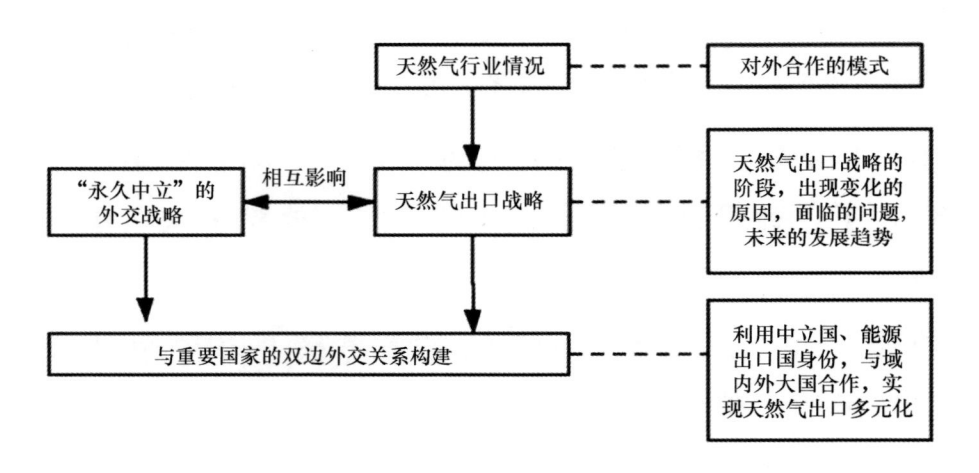

图 3-1　土库曼斯坦的中立外交与能源战略

资料来源：笔者自制。

当前，中亚地区能源博弈加剧，能源合作亟须多边协调机制。[①] 土库曼斯坦的中立身份和能源战略受到了众多学者的关注。土库曼斯坦的天然气出口从依赖俄罗斯到出口多元化、构建新的能源合作格局，与其中立外交身份内涵的调整关系甚大。下文将对土库曼斯坦构建双边能源合作关系进行类型分析和过程追踪，分析其中立外交对能源战略的影响。

[①] 王海燕：《中国与中亚能源合作的新进展与新挑战》，《国际石油经济》2016 年第 7 期。

（三）中立外交下土能源合作国的类型划分

土库曼斯坦的"永久中立"身份，要求根据自身角色定位和需求，对能源合作者进行层次区分，以此确认双边能源合作的内容和深度。在合作过程中，土库曼斯坦逐步重构对一些合作者的身份和利益的认知，据此动态调整各个双边能源合作地位和模式。可见，对土库曼斯坦而言，仅有共同利益但缺乏对对方"正面"的认知并不必然形成合作。即便存在合作，也可能是机会主义或短期的互动。为了维护本国的中立自主，土库曼斯坦将能源合作国设定为三类，即可信赖国家、中间国家、不友好国家。下面根据表3－1的类型进行具体分析。

表3－1　　　　　　　土库曼斯坦的能源合作国类型

土库曼斯坦的中立战略			
合作国类型	代表国家	特征	方式
可信赖国家	中国、伊朗、俄罗斯	支持土政局稳定，信任充分，合作空间大	加强合作，构建稳定可信赖的能源合作伙伴关系
中间国家	土耳其、阿塞拜疆以及南亚管道过境国	拥有共同利益，能源经济存在竞争，文化相似性强	合作，在能源合作领域寻找更大的空间

续表

合作国类型	代表国家	特征	方式
不友好国家	欧盟各国、美国	出于政治目的进行能源合作，信任不够，合作存在工具性倾向	谨慎合作，能源合作领域保持在一定的范围

土库曼斯坦的中立战略

资料来源：笔者自制。

1. 可信赖国家

可信赖国家的特点是，对土库曼斯坦政权稳定不构成冲击或威胁，同时又拥有较大的消费市场，合作空间大。虽然双方也存在战略差异，在合作中偶有龃龉，但是在处理差异和管控分歧中，彼此信任感得以逐渐加强，形成了合作文化。这类国家有：政治制度相似的邻国伊朗；传统的能源合作国俄罗斯以及在"一带一路"倡议下合作水平不断提升的中国。

在能源供给方面，土库曼斯坦是俄罗斯的竞争对手，面对全球能源从卖方市场转为买方市场，土库曼斯坦和俄罗斯的竞争将更加激烈。如果说当土库曼斯坦加大对中国、印度等国家的能源供给时，它与俄罗斯的冲突隐患将逐渐增大，那么当土库曼斯坦尝试建立新的通道来扩大与欧洲国家的能源贸易时，俄罗斯必然会采取相应行为保障自身经济利益与能源出口优势：或加强与土的合作，拉拢土库曼斯坦；或设置种种阻碍，控制其能源运输通道。土库曼斯坦则不可避免地陷入俄欧平衡的困境中。长期依赖俄罗斯能源的欧盟各国，致力于同其他能源国家开展更深入的能源合作，以追求能源供给的稳定。俄罗斯出于对自身利益的维护以及对西方国家天然的谨慎心理，一方面紧紧把握欧洲国家的能源通道，另一方面又警惕周边国家与欧盟走近。

尽管如此，土库曼斯坦与俄罗斯依然存在一致的战略利益。土库曼斯坦在独立以后并没有像其他中亚国家那样与俄罗斯保持密切联系，但彼此在各个方面维持着稳定的关系。尤其是在2002年针对尼亚佐夫的暗杀事件发生后，俄罗斯对土库曼斯坦的声援使得双边关系达到前所未有的高度。虽然同为资源国，双方也曾两次爆发天然气危机，但对彼此的需要使得俄罗斯与土库曼斯坦的关系较为稳固。[①] 如果说早期俄罗斯从土库曼斯坦进口天然气是为了获得这类资源，那么2019年俄罗斯天然气工业股份公司重返土库曼斯坦市场，政治意义则远高于经济利益。俄罗斯将中亚地区视为自己的势力范围，需要通过稳定与中亚五国的关系维持自身对后苏联空间的掌控，避免土脱离控制，引发羊群效应。因此两次天然气危机后，俄罗斯仍然保持从土进口天然气，甚至鼓励其能源出口多元化，

---

① 梁萌等：《俄罗斯与中亚国家的油气过境运输现状及启示》，《油气储运》2019年第10期。

以维持双方的友好关系。

中国目前是土库曼斯坦天然气最大的消费国。双方油气产业和大型油气公司均为国家所有，政府意志主导着油气产业的发展和国际合作，政策制定和执行高度一致，这些因素使得两国的合作更为契合。过去，中国与土库曼斯坦油气合作主要集中在天然气领域，两国在天然气勘探开发和生产领域都有深入合作。随着中国石油公司积极在里海区域进行油气布局，中土油气合作"重气轻油"的状况将会有所改变，形成"油气并行、东西并进"的能源投资格局。

自"一带一路"倡议提出以来，中土两国油气合作取得了可喜的成绩。2013年两国确立了战略合作伙伴关系，为中土油气合作和其他领域经济合作提供了保障。目前看来，在"一带一路"框架下，中土的能源合作呈现三个趋势：第一，由天然气主导到油气并行；第二，多边合作逐渐取代双边合作；第三，多产业领域合作格局逐步形成。同与其他国家的油气合作一样，中国石油公司更注重国内油气安全和双边合作，而将在土库曼斯坦的利润作为次要因素。基于此，中国过去与土库曼斯坦进行油气合作，主要集中在油气勘探、开发、生产和运输等领域，以保障国内油气需要。随着"一带一路"倡议的高质量推进，两国在石油装备、能源金融、行业服务等领域的合作也逐步加强。

2020年新冠疫情暴发后，土库曼斯坦第一时间表达对中国抗疫的支持，随后建立了疫情防控工作联系机制，相互通报信息，两次通过视频会议分享防治疫情的经验。① 同年，两国又与有关各方一致决定建立"中国+中亚五国"外长沟通机制，定期举行会晤，② 并于当年7月16日举行首次视频会晤。双方在推进经贸合作的基础上，大力拓展非资源领域的合作。

2. 中间国家

"中间国家"指的是一些具有共同利益，同时不对土政权体制提出异议的国家，如土耳其、阿塞拜疆以及南亚一些管道过境国。土库曼斯坦、阿塞拜疆、土耳其三国同属突厥民族，在宗教、文化、语言和习俗上渊源极深。③ 这些国家在政治上联系密切，互信程度高，具有稳定的协商机制，三方同为突厥语国家组织

---

① 《驻土库曼斯坦大使孙炜东就抗击疫情问题接受土"东方网"专访》，2020年5月21日，中华人民共和国驻土库曼斯坦大使馆网站，http://tm.china-embassy.org/sgdt/202005/t20200521_9490200.htm。

② 王术森、曾向红：《大国中亚地区外交新态势》，《现代国际关系》2020年第10期。

③ 王四海、秦屹：《中亚国家在建设丝绸之路经济带中的重要作用——以土库曼斯坦为例》，《俄罗斯东欧中亚研究》2016年第5期。

成员,① 在促进相互贸易和投资方面已达成共识。土库曼斯坦向西出售天然气和投资建设相关管道,都离不开这两个国家的支持。2020 年,土库曼斯坦和阿塞拜疆签署了关于里海友谊油田的协议。② 这项历史性协议与土库曼斯坦、伊朗、阿塞拜疆三国天然气互换协议的签署,有望推动土库曼斯坦天然气向西销往欧洲。

巴基斯坦、印度和阿富汗拥有巨大的天然气消费市场,对土库曼斯坦的油气需求迫切,四国在土库曼斯坦—阿富汗—巴基斯坦—印度天然气管线项目(以下简称"TAPI 项目")上具有共同的利益。③ TAPI 项目推进的最大阻力是南亚的地区安全,特别是阿富汗局势和印巴关系。土库曼斯坦作为中立国,曾举办过多次阿富汗和平协商会议,一直致力于促进南亚地区的和平与发展,同南亚地区国家政府保持着友好联系,尤其是阿富汗塔利班(以下简称"阿塔")政府。地区政府间的良好关系和巨大的合作利益,有助于 TAPI 项目上的推进。

---

① 冯源:《突厥语国家加速一体化进程》,《光明日报》2021 年 11 月 18 日第 15 版。
② 《土库曼斯坦与阿塞拜疆签署共同开发里海争议油气田备忘录》,2021 年 2 月 8 日,兰州大学土库曼斯坦研究中心网,http://tkmst.lzu.edu.cn/detail.php?aid=12869。
③ Ramakrushna Pradhan, *Geopolitics of Energy in Central Asia: India's Position and Policy*, London and New York: Routledge, 2021, p. 241.

3. 不友好国家

土库曼斯坦与认定的"不友好"国家保持着一定距离，谨慎合作。这些国家大多出于政治目的，通过经济合作参与地区事务，试图削弱俄罗斯、中国在该地区的影响力，阻止伊朗崛起为地区大国，并输出西方民主、人权等价值观。比如，利用民主、人权问题干涉中亚国家内政的欧盟国家以及被视为中亚国家"颜色革命"推动者的美国等。

鉴于欧洲是土库曼斯坦西向最大的消费市场，美国则为南亚项目和欧洲项目提供了外交和经济支持，土政府积极与相关国家展开接触。然而在项目开展过程中，美国和欧洲国家的态度和一些行为让土库曼斯坦难以放下防备。欧盟以援助的方式介入中亚事务，其外交手段带有明显的政治诉求和价值观色彩。[①] 双方更多是基于各自利益而产生的合作，范围和程度有限。

美发布新版中亚战略后，对土兴趣加大，着手加强美土军事合作，推动 TAPI 天然气管道和跨里海天然气管道项目。2019 年 3 月，美国时任总统特朗普借纳吾鲁孜节致函土库曼斯坦总统，表示美国实业界将继续探寻巩固双边经济合作的新方向，希望土库曼斯坦

---

① 鞠豪:《欧盟的中亚战略解析：规范与利益》,《俄罗斯东欧中亚研究》2020 年第 6 期。

以《里海法律地位公约》签署为契机，加快跨里海天然气管道建设。① 2019年12月6日，库尔班古力·别尔德穆哈梅多夫总统在内阁扩大会议上指出，土库曼斯坦将积极加强与美国的对话，开放、建设性的双边政治关系将为两国加强经济合作奠定基础。然而，这一年美国公开表示支持影射土库曼斯坦总统的电影，此举被视为对土内政的干涉，给两国本就脆弱的关系蒙上了阴影。在2020年美国新中亚战略的设计中，阿富汗的重要程度下调，美国不再将其视为中亚、南亚地缘政治的中心。有学者认为这意味着美国在该地区地缘政治重心北移，明确将中俄视为遏制对象，可能在中亚与中俄一争高下。② 以过往的经验来看，一旦美国决定加大在中亚地区的战略投入，或许会以 TAPI 项目和跨里海天然气管道项目等经济合作为切入口，这将有助于土库曼斯坦推动相关方向的管道建设。

土库曼斯坦与欧盟及欧洲国家关系发展稳定。欧盟支持土库曼斯坦奉行能源出口多元化政策，并积极推动跨里海输欧天然气管道项目。2019年，欧盟中亚事务代表彼得·布里安（Peter Burian）在里海经济论

---

① 《特朗普希望土库曼斯坦实施跨里海天然气管道项目》，2019年3月27日，中华人民共和国商务部网站，http://www.mofcom.gov.cn/article/i/jyjl/e/201903/20190302847012.shtml。

② 曾向红：《美国新中亚战略评析》，《国际问题研究》2020年第2期。

坛上表示，欧盟与土库曼斯坦正在讨论如何将土库曼斯坦的天然气运往欧洲。① 土库曼斯坦也定期举办土库曼斯坦—欧盟联委会会议，商讨合作项目和合作机遇。② 然而在具体行动上，各方的合作仍然局限在公共卫生合作与能源贸易的领域。在公共卫生合作方面，2020年7月，欧盟启动《中亚国家新冠肺炎疫情应对措施》（CACCR）援助计划，预算资金为300万欧元，旨在帮助土实验室和医院更好地为预防疫情做好准备。③ 欧安组织在土库曼斯坦首都阿什哈巴德市举办了根据国际标准和协定实现海关和运输程序数字化的研讨会，旨在向土传授"数字化海关程序"，通过运输和贸易便利化加强世界各国的互联互通，有助于增进经济互利合作。

在中立战略的指导下，土库曼斯坦根据对三类国家的认知判断，形成自己的合作偏好：与可信赖国家积极联系，密切合作；与中间国家拓展合作；与"不

---

① 《欧盟与土库曼斯坦就建设跨里海天然气管道恢复谈判》，2019年8月16日，新华丝路网，https://www.imsilkroad.com/news/p/381528.html。

② 《土库曼斯坦—欧盟联委会召开第20次会议》，2021年10月29日，中华人民共和国驻土库曼斯坦大使馆经济商务处网站，http://tm.mofcom.gov.cn/article/jmxw/202110/20211003212814.shtml。

③ 2020年7月，欧盟已启动《中亚国家新冠肺炎疫情应对措施》（CACCR, the Central Asia COVID-19 Crisis Response）援助计划，预算资金为300万欧元。

友好"国家谨慎合作。在双边和多边互动中，各方逐步形成相互之间的战略认知，推动彼此进一步的合作。土库曼斯坦倾向于选择有过合作历史的外国企业进行再合作，[①]因此这种合作偏好得以在互动中强化，最终造成土库曼斯坦在构建能源合作伙伴关系时，总是优先选择那些尊重本国政权、能源合作空间大的国家。这种偏好束缚了其能源外交的施展空间，最终出现对某些国家的天然气出口依赖。因此在现行中立战略中，土库曼斯坦想要凭借自己的力量消解美国、俄罗斯、伊朗、欧盟、印度等国在其天然气出口中的依赖性，扩大自身油气地缘优势，巩固中立地位，必须最大限度发挥能源供应国的主导地位，转变能源合作模式。

[①] 土库曼斯坦在各领域都有相对固定的外资承包工程合作企业，其油气开发和技术服务领域主要合作伙伴为中国、意大利、俄罗斯、马来西亚、美国等国家的企业。

四　土库曼斯坦的天然气出口通道建设

随着2006年库尔班古力·别尔德穆哈梅多夫总统推出"开放中立"战略，土库曼斯坦的中立身份内涵逐渐发生变化。与以往的"建设性中立"内涵相比，"开放中立"在对外交往和能源合作方面的优势逐渐显现，不仅吸引了大量外资和外国石油公司进入土国内开展天然气工业建设，[①] 同时也加快了出口通道的建设，大大拓展了土库曼斯坦的天然气地缘空间。根据土库曼斯坦天然气的出口市场和运输管道建设情况，本报告将其天然气出口通道的建设划分成三个阶段（见表4-1）。

---

① Martha Brill Olcott, "Turkmenistan: Real Energy Giant or Eternal Potential?", *James A. Baker Ⅲ Institute for Public Policy Rice University*, 2013, p. 11.

表 4-1　　　　　　　　土库曼斯坦对外战略与天然气出口阶段

永久中立	天然气出口阶段	面向市场	管道项目	管道运行情况
建设性中立	天然气出口单一（1991—1997年）	俄罗斯、乌克兰	"中亚—中央"天然气管道	在运，1997年一度停止供气
	能源合作伙伴构建（1997—2009年）	伊朗	"科尔佩杰—库尔特库伊"（土伊西线）	在运
		中国	"中国—中亚"天然气管道	在建
		俄罗斯	"中亚—中央"天然气管道	在运，2009年曾停止供气
		阿富汗、巴基斯坦、印度	"土—阿—巴—印"天然气管道（TAPI）	全线规划
		欧洲	跨里海天然气管道	规划
开放中立	出口多元化（2009年至今）	中国	"中国—中亚"天然气管道	A/B/C线在运，D线在建
		俄罗斯	"中亚—中央"天然气管道	少量在运
		伊朗	"多夫列塔巴特—汉格兰"（土伊东线）、"科尔佩杰—库尔特库伊"（土伊西线）	2010年建成土伊东线管道；2017年两条管道停止输气
		阿富汗、巴基斯坦、印度	"土—阿—巴—印"天然气管道（TAPI）	土国内部分在建，其他部分搁置
		欧洲	"东—西"天然气管道（土库曼斯坦国内部分）、跨里海天然气管道	2015年建成东—西管道，跨里海管道仍在规划中

资料来源：笔者自制。

第一阶段为天然气出口单一时期（1991—1997年），此时土库曼斯坦的天然气出口通道仅有一条：经由"中亚—中央"天然气输送管道，过境乌兹别克斯坦、哈萨克斯坦销往俄罗斯，少量过境俄罗斯销往乌克兰。第二阶段为能源合作伙伴构建时期（1997—2009年），这一时期土库曼斯坦分别与伊朗、中国、南亚三国以及欧洲等国家和地区建立天然气出口意向，并于1997年向邻国伊朗通气，2009年建成通往中国的"中国—中亚"天然气管道 A/B 线并通气。第三阶段是出口多元化时期（2009年至今），土库曼斯坦完成了"中国—中亚"天然气管道 C 线、土国内"东—西"天然气管道建设，正在建设 TAPI 管线土国段与"中国—中亚"天然气管道 D 线。

（一）天然气出口单一阶段
（1991—1997 年）

1991—1997 年，土库曼斯坦的天然气出口完全依赖俄罗斯，通过苏联时期修建的"中亚—中央"天然气输送管道向俄罗斯出口天然气来换取外汇和商品，并向俄罗斯支付大笔过境费用，将少量天然气转卖到东欧国家。后期由于乌克兰工业萎缩，天然气需求量大幅下降，相应地影响到土库曼斯坦天然气的产量。

1997年，因为天然气过境费用支付问题，俄罗斯停止从土库曼斯坦进口天然气，两国能源贸易陷入僵局。由于当时国内能源出口高度依赖俄罗斯，土库曼斯坦的经济受到较大冲击。土库曼斯坦建国以来，一直强调不偏不倚的中立身份，而经济难以自主，更难实现"建设性中立"。为打破俄罗斯控制下的天然气出口困境，扩张油气地缘空间，同时也在重要的能源领域与俄罗斯保持距离，尼亚佐夫政府转变能源出口战略，谋求开辟多元出口通道。

（二）能源合作伙伴构建阶段
（1997—2009年）

为实现天然气多元出口格局，尼亚佐夫和别尔德穆哈梅多夫都作出了努力，与周边天然气消费国构建合作关系。然而尼亚佐夫时期的中立外交与其他国家保持距离，在避开一系列危及国家安全和政权稳定的风险时，也将合作伙伴拒之门外。尤其是在一个国家间相互依赖的时代，"建设性中立"给土带来的收益小于预期。开国元首尼亚佐夫执政期间很少出国，外长甚至几年也不出国访问一次。[1] 因此，尼亚佐夫虽然

---

[1] 赵龙庚：《土库曼斯坦：改革开放走新路》，《和平与发展》2008年第2期。

提出了能源出口多元化战略，也与南亚和欧洲市场建立联系，但却没能在管道建设上取得实质性突破，仅实现了对伊朗的出口。直到别尔德穆哈梅多夫上任后秉持着积极开放的原则，与中国签订了中土天然气合作项目，土库曼斯坦天然气对俄依赖的局面才发生转变。与此同时，土库曼斯坦在构建能源合作伙伴方面确立了可信赖国家、中间国家和不友好国家三种类型。这一时期土库曼斯坦的天然气出口通道主要在以下四个方面取得突破。

1. 开通伊朗方向的天然气输送管道

伊朗油气资源丰富，但集中在南部地区。其北部地区属于不同的地质构造，油气开采的技术难度和成本较大。与其修建由南到北的天然气管道，不如直接从北部邻国土库曼斯坦进口天然气，因此，在 2017 年以前，伊朗北部山区的天然气供应全靠从土库曼斯坦进口。1997 年，由伊朗出资，以土库曼斯坦向伊朗免费提供三年天然气作为交换，土库曼斯坦建成了第一条通向伊朗的"科尔佩杰—库尔特库伊"天然气输送管道，全长 197 千米，从土库曼斯坦西部边境通往伊朗北部，设计输气能力为 80 亿立方米/年。[1] 这是土库

---

[1] 梁萌等：《土库曼斯坦的天然气工业与出口多元化》，《油气储运》2020 年第 2 期。

曼斯坦第一条不经过俄罗斯的天然气管道,被认为是其多元出口战略的第一步,尼亚佐夫对此寄予厚望。对当时的土库曼斯坦而言,过境伊朗,将天然气卖往土耳其乃至欧洲是一个较好的选择,既不得罪邻国,又能开通新的出口通道。伊朗方面对此也十分积极,乐于担当中亚国家向世界市场出口油气的过境国。1997年,土库曼斯坦正式向伊朗出口天然气。

2. 修建"中国—中亚"天然气管道 A/B 两线

1994年,中土两国开始在天然气领域接触,并签署合作意向书。2000年江泽民同志访问土库曼斯坦期间,中国石油天然气集团公司(以下简称"中石油")与土库曼斯坦当时的石油部签署了合作备忘录,中国能源企业开始进入土国能源领域。2002年,中石油与土库曼斯坦石油康采恩签署《古穆达克油田提高采收率技术服务合同》,获得古穆达克油田100%的权益,合同期为五年。2007年,库尔班古力·别尔德穆哈梅多夫当选总统后访华,双方正式签署了建设"中国—中亚"天然气管道的协议,中亚天然气合作项目正式启动。根据协议,未来30年内,土库曼斯坦将通过中亚天然气管道每年向中国出口400亿立方米的天然气。[①] "中

[①] 徐小杰等:《俄罗斯及中亚西亚主要国家油气战略研究》,中国社会科学出版社2017年版,第95页。

国—中亚"天然气管道 A/B 两线从 2007 年开始动工，于 2009 年年底完工并投入运营。

3. 与南亚和欧洲建立合作意向

1995 年，尼亚佐夫提出修建 TAPI 项目，向南亚出口天然气。TAPI 管道起于土库曼斯坦东部"加尔金内什"气田，终于印巴边境的印度城市法季尔卡，全长 1814 千米，其中土库曼斯坦境内 214 千米，阿富汗境内 774 千米，巴基斯坦境内 826 千米，设计输气能力为 330 亿立方米，每年供应阿富汗 50 亿立方米，供应印度和巴基斯坦各 140 亿立方米。①

1995 年，欧盟、高加索和中亚国家之间建立合作意向，开展能源技术合作项目"跨国向欧洲输送石油和天然气计划"。② 2002 年，中东欧五个国家的能源企业发起"纳布科计划"，提议建设一条由中亚—里海气源地通往欧洲消费地的天然气管道，受到欧盟的欢迎，而从土库曼斯坦到阿塞拜疆的跨里海天然气管道是"纳布科计划"的一部分。③ 欧洲能源长期依赖俄罗斯，双方的地缘政治矛盾使得欧洲国家致力于寻求俄

---

① 徐小杰等：《俄罗斯及中亚西亚主要国家油气战略研究》，中国社会科学出版社 2017 年版，第 94 页。
② Interstate Oil and Gas Transport to Europe（INOGATE）.
③ 李冉：《天然气管道外交与地缘政治博弈》，中国社会科学出版社 2020 年版，第 74 页。

罗斯之外的天然气供应渠道，其中最重要的就是来自伊拉克和里海地区的天然气。① 这些国家和地区的天然气储量被欧洲视为摆脱俄罗斯垄断气源供给的最佳依托。从这一方向获取能源，不仅可以摆脱对俄依赖，还能利用能源合作向该地区渗透。土库曼斯坦自1991年独立之后奉行中立外交，迫切需要开拓多元的能源出口来发展国内经济。共同的对俄立场②和能源买卖需要，使得土库曼斯坦被视为"欧盟和中亚之间任何商业天然气贸易中不可或缺的国家"③。美国出于自身在中亚的能源战略考虑，大力支持绕开俄罗斯和伊朗的输气管道建设，上述两条管道遂成为该地区大国地缘政治竞争的一部分，跨里海管道尤甚。美欧积极将能源贸易视为地缘政治竞争的重要内容，在同土库曼斯坦的合作中始终带有遏制俄罗斯的战略意图。因此，尼亚佐夫政府对上述项目计划较为谨慎，与相关国家之间的合作也一直没能进行，始终停留在意向阶段。

---

① I. Arinç and S. Elik, "Turkmenistan and Azerbaijan in European gas supply security", *Insight Turkey*, Vol. 12, No. 3, 2010, p. 190.
② 庞昌伟、褚昭海：《土库曼天然气出口多元化政策与决策机制分析》，《俄罗斯研究》2009年第6期。
③ M. Denison, "The EU and Central Asia: Commercialising the Energy Relationship", *EU – Central Asia Monitoring Working Paper*, No. 2, 2009, p. 9.

4. 继续保持与俄罗斯的天然气合作

1997年俄土天然气危机后，两国之间的能源贸易虽有所恢复却已不可同日而语，贸易量急剧下降。普京执政后主动改善与土库曼斯坦的关系，两国在2003年签订了《天然气领域25年合作协定》，开始了新阶段的天然气合作。俄罗斯政策有此转变，不仅是因为需要土库曼斯坦丰富且低价的能源来保持其在欧洲乃至世界能源市场的影响力，提高自己的国际地位；更是希望借此号召成立独联体天然气联盟，发展与独联体国家的关系，巩固中亚国家对俄罗斯的依赖性，[1] 彰显其对后苏联空间的掌控力。因此，即使俄罗斯自身的天然气可以满足绝大多数出口需要，也不可能完全放弃土库曼斯坦的天然气市场。[2]

这一时期土库曼斯坦努力与周边绝大部分消费国顺利建立联系，然而管道的实际建设困难重重，尤以欧洲和南亚两个方向为甚。土库曼斯坦与欧盟和南亚三国沟通了天然气出口意向，但是相关管道铺设的走向却搅入大国能源战略竞争和地缘政治博弈中。受制

---

[1] 杨宇：《能源地缘政治视角下中国与中亚—俄罗斯国际能源合作模式》，《地理研究》2015年第2期。

[2] D. Elena, "The Key Role of The Energy – Related Factors in Current Russian – Turkmen Relations", *Russia and the Moslem World*, Vol. 310, No. 4, 2020, pp. 59 – 70.

于"建设性中立"的对外战略,土库曼斯坦必须避开俄、美两国的纷争,另寻出路。最终,邻国伊朗和遥远的中国成为其建设天然气多元出口通道的两个重要突破口。① 土油气地缘空间没能在西、南两个方向推进,却得以向东延伸至亚太地区。然而从出口量上来看,当时土伊管道的输气量完全无法与过去通过"中亚—中央"天然气管道的出口量相比。"中国—中亚"天然气管道还未步入正轨,② 暂时无法缓解其出口压力。因此,这一时期土库曼斯坦的油气出口实际上还是依赖俄罗斯。

(三) 天然气出口多元化阶段 (2009 年至今)

2006 年,库尔班古力·别尔德穆哈梅多夫继任总统,为减少对大国和单一能源进口国的贸易依赖,其在永久中立基础上实行开放政策,提出了"以发展促和平"的理念,积极主动同其他国家和地区建立能源贸易关系,在深化已有合作的基础上,不断商讨落实一直处于规划中的几条管道建设。此外,土库曼斯坦还积极筹办国际天然气行业的相关会议,利用国际会

---

① A. Vepayev and O. Deniz, "Production and Consumption Trends of Natural Gas of Turkmenistan the years from 2009 to 2019", *Journal of Scientific Perspectives*, Vol. 4, No. 4, 2020, pp. 237–244.

② A/B 两线在 2009 年年底完工,此后才正式运营通气。

议和商业论坛等国际多边外交场合，充分展示土库曼斯坦油气领域的国际合作潜力，推出有经济效益的合作项目。[1] 同时，通过《外国特许权法》等法规，以里海—土库曼斯坦一侧的大陆架油气资源吸引外资及合作伙伴。[2] 可以说，围绕天然气开展的外事活动成为土库曼斯坦的外交重心。

面对能源出口带来的国家间摩擦，土库曼斯坦也表现出了与此前截然不同的态度，主动提请国际组织予以仲裁，竭力维护本国经济利益。相较于尼亚佐夫时期，库尔班古力·别尔德穆哈梅多夫上任后，推行的天然气出口多元化之路更宽，措施也更为得力。[3] 这一时期，土库曼斯坦对外能源合作呈现出多元化的特征，主要表现在以下五个方面。

1. 伊朗方向的天然气出口

在别尔德穆哈梅多夫政府的努力下，2010年土库曼斯坦和伊朗之间建成了另一条天然气输送管道，从多夫列塔巴特到汉格兰，气源地是土库曼斯坦东部的

---

[1] 高焓迅：《2020—2021年土库曼斯坦国别报告》，载孙力主编《中亚黄皮书：中亚国家发展报告（2021）》，社会科学文献出版社2021年版，第331页。

[2] 罗英杰：《国际能源安全与能源外交》，时事出版社2020年版，第126页。

[3] 赵龙庚：《土库曼斯坦：改革开放走新路》，《和平与发展》2008年第2期。

多夫列塔巴特气田。该管道长30.5千米，设计输量为60亿立方米/年，实际输送能力为15.24亿立方米/年。然而，因为价格和历史债务等问题，从2017年开始，通往伊朗的两条天然气输气管道均停止输气。① 经过漫长的谈判，双方仍未就有关问题达成共识，土库曼斯坦被迫向国际仲裁法院（ICA）提出索赔。2020年，ICA宣布了对伊朗与土库曼斯坦天然气争端的裁决，最终结果对土库曼斯坦较为有利，伊朗需要付清相关的债务。可以看出，相比此前同俄罗斯的天然气纷争，土库曼斯坦在与伊朗的出口矛盾中表现得更具竞争性与主动性。别尔德穆哈梅多夫政府积极游走于各大国与国际组织之间，为本国争取更多的支持。

虽然双方在能源输送问题上存在争端，但并没有对土、伊两国关系产生根本影响。② 伊朗在同土库曼斯坦合作过程中较为理性积极，这使得两国之间合作水平逐步提升。2021年，伊朗国家天然气公司（NIGC）宣布双方将重新进行天然气贸易，并努力向欧洲出口天然气。随后，伊朗、土库曼斯坦与阿塞拜疆签署天然气互换三方协议，土库曼斯坦每年将通过伊朗对阿塞拜疆出口15亿—20亿立方米的天然气。该协议已于

---

① 王四海：《土伊天然气纠纷有玄机》，《中国石化》2017年第1期。

② Amanberdi Begjano, "Turkmenistan's Energy Exportation Deals With Iran", *International Academic Journal*, Vol. 5, No. 1, 2021, pp. 69–80.

2022年1月1日生效。2022年6月，在第六届里海峰会期间，伊朗总统在会见土库曼斯坦总统谢尔达尔·别尔德穆哈梅多夫时表示，伊朗愿意通过互换的方式，帮助土库曼斯坦增加对阿塞拜疆的供气量。① 此举充分表明，伊朗进口土库曼斯坦的天然气，很大一部分原因是希望充当土库曼斯坦到欧洲的天然气运输走廊，毕竟使用现有管道过境伊朗，是土库曼斯坦的天然气通向欧洲最快捷最便宜的方式，② 三国天然气互换协议又将省下一大笔管道建设的费用。而伊朗可以借此增强其地区话语权，并吸引国际资本进入伊朗，加速国内建设和发展。此外，互换协议有助于石油公司避开美国的制裁。③ 但据俄罗斯媒体的消息，2021年8月，在里海伊朗水域发现了巨型天然气气田。④ 随着该气田的深入开发，在伊朗北部将形成新的天然气开采、储

---

① 《伊朗总统表示愿协助土库曼斯坦增加对阿塞拜疆供气量》，2022年7月11日，中华人民共和国驻土库曼斯坦大使馆经济商务处网站，http：//tm.mofcom.gov.cn/article/jmxw/202207/20220703332374.shtml。
② 张霞：《土库曼斯坦天然气出口多元化面临的挑战》，《国际研究参考》2016年第7期。
③ G. Bahgat, "Pipeline diplomacy：The geopolitics of the Caspian Sea region", *International Studies Perspectives*, Vol. 3, No. 3, 2002, p. 325.
④ 《里海伊朗水域发现巨型天然气气田》，2021年8月23日，兰州大学土库曼斯坦研究中心网，http：//iran.ru./news/economics/118633/Obnaruzheny_novye_ogromnye_gazovye_mestorozhdeniya_Irana_na。

运和调配中心，有可能威胁到土库曼斯坦天然气在欧洲天然气市场的地位。

伊朗一直试图成为中亚—里海地区天然气出口的中转站，对土库曼斯坦规划的两大天然气出口项目——跨里海管道和TAPI管道都提出相应的竞争方案。伊朗尤其警惕土库曼斯坦绕开伊朗向欧洲方向的油气出口，一直以各种理由阻拦跨里海管道的建设。然而受欧美国家制裁的影响，伊朗对自己相关管道建设力不从心。通过三国互换天然气的方式，伊朗得以用最小的代价向欧洲输送天然气，既与欧洲市场搭上关系，又能够作为过境国参与土欧天然气贸易。从长远来看，来自中亚的油气资源将受到欧洲和南亚的欢迎，俄罗斯不可能独占欧洲市场。虽然通过转运天然气售往欧洲的前景尚不明朗，2021年12月，土伊两国总统互通电话，表达了对未来合作的信心，这也是别尔德穆哈梅多夫时期，土库曼斯坦天然气出口多样化的关键一步。

2. 中国方向的天然气出口

中国是土库曼斯坦目前最大的天然气出口国，更是土库曼斯坦值得信任的国家。2020年土库曼斯坦86%的天然气出口到中国。中土主要的运输管道是"中国—中亚"A/B/C线，A/B两线起点位于土库曼斯坦的阿姆河沿岸地区，经过乌兹别克斯坦、哈萨克斯坦到霍尔果斯，全长1792千米，不仅向中国供气，还能为途经的哈萨克斯坦南部供气。C线起点位于土库曼斯坦和乌兹别克斯坦边境的格达依姆，同时作为气源地的还有沿线的乌兹别克斯坦和哈萨克斯坦，土、乌、哈三国通过该线向中国的年供应量分别为100亿立方米、100亿立方米和50亿立方米。[①] "中国—中亚"天然气管道的主力气源区位于土库曼斯坦境内，是我国目前在海外最大的天然气合作项目区块。三条管道全线设计输气能力为每年550亿立方米，在2010年后陆续通气。此外，在建的"中国—中亚"天然气管道D线的设计年输气能力为300亿立方米，气源也为土库曼斯坦东部气田。

与此前的"中国—中亚"天然气管道由中国主导不同，"奥卡雷姆—阿拉山口"天然气管道规划，由土库曼斯坦与哈萨克斯坦两国主动提出，目的是避免中俄东线天然气贸易影响土在中国天然气市场的占有率。这充分表明，土、俄两国在东亚市场上已经形成了竞争态势。为确保目前最大的市场不受威胁，且对中国信任程度较高，土表现出了相当大的积极性和竞争性，因此才有2019年土、哈共同提出了奥卡雷姆—阿拉山

[①] 苏华、王磊：《"丝绸之路经济带"建设背景下的我国与中亚能源合作新模式探析》，《经济纵横》2015年第8期。

口过境天然气管道方案。① 目前该管道仍处于概念阶段，设计全长 3615 千米，年输气量 300 亿立方米，气源寄希望于里海大陆架区块气田，该区块目前由俄罗斯的两家公司负责勘探，开采前景还无法判断。此项目的优点是能将已停输的土伊东西两条管道重新运用起来，但增加了哈萨克斯坦作为过境国，项目成本回收较难，削弱了竞争力。

3. 南亚方向的天然气出口

在美国的外交斡旋下，2010 年 12 月，土库曼斯坦总统、阿富汗总统、巴基斯坦总统、印度石油部部长及亚洲开发银行行长联合签署了《政府间协议》和《天然气销售购买协议》。2014 年，土库曼斯坦天然气康采恩、阿富汗天然气公司、巴基斯坦跨国天然气系统公司和印度天然气管理有限公司联合创立了 TAPI 管道建设和运营财团。该财团原计划选取具有资金和技术实力的国际石油公司作为管道建设和运营牵头人，然而埃克森美孚等国际石油公司对此管道缺乏信心，希望土库曼斯坦政府提供陆上油气区块开采权作为保障。该提议遭到土库曼斯坦拒绝，坚持外资企业仅可以通过技术服务合同的形式进行陆上油气开采。最终，

---

① 赵守义等：《跨国天然气管道与中国选项——中亚各国及蒙古国博弈管道过境国分析》，《国际石油经济》2020 年第 10 期。

没有大型国际石油公司参与 TAPI 项目，只能以土库曼斯坦天然气康采恩作为牵头人。然而该公司既没有足够的资金实力来建设这一跨国项目，也没有组织建设和运营跨国管道的经验，[①] 这加大了项目建设的难度。以土库曼斯坦境内段的修建为例，工程由土库曼斯坦天然气公司主持，于 2015 年 12 月开工建设，完工时间一拖再拖，开工 6 年多仍未完工，预计要到 2023 年才能完工，有学者甚至认为其是"只存在于话语中的项目"[②]。印巴境内虽已建成接驳管道所需的基础设施，然而管道建设一直处于停滞状态。主要有三个原因：第一，土库曼斯坦作为该项目的牵头人并没有足够的经济和技术实力承担责任，在融资方面没有得到积极回应，项目动工缺乏资金。[③] 同时，四国也没有相关跨国管道建设经验，项目进展艰难。第二，过境国阿富汗政治军事局势动荡，印巴关系不稳定。冲突频发的社会环境给管道建设以及后期运营带来极高的风险。[④]

[①] 王海燕：《土库曼斯坦天然气多元化出口战略（1991—2015）：一项实证主义分析》，《俄罗斯研究》2015 年第 5 期。

[②] Luca Anceschi, "Turkmenistan and the virtual politics of Eurasian energy: the case of the TAPI pipeline project", *Central Asian Survey*, Vol. 36, No. 4, 2017, p. 410.

[③] 梁萌等：《土库曼斯坦的天然气工业与出口多元化》，《油气储运》2020 年第 2 期。

[④] Meena Singh Roy, "Strategic importance of Turkmenistan for India", *Strategic Analysis*, Vol. 35, No. 4, 2011, pp. 661–682.

"阿塔"上一次当政时期曾批准过该项目,土库曼斯坦政府也一直保持与"阿塔"的关系。随着美军撤出阿富汗,"阿塔"重新掌握政权,阿富汗前政府签订的关于该管道的协议内容也已得到"阿塔"的认可,其还承诺将积极参与其中。① 然而该地区"三股势力"猖獗,在实际运作中,沿线政府是否能保证管道途经地区的安全与稳定仍难确定。② 第三,伊朗有针对性地提出"伊朗—巴基斯坦—印度"天然气管道项目(IPI),计划通过这条天然气管道从伊朗南部输送天然气到印巴边界。该项目不仅不用经过阿富汗动荡地区,而且相较于TAPI线路距离更短,耗资更少,对印度和巴基斯坦颇有吸引力。③ 此外,俄罗斯天然气工业股份公司已同意加入该项目,并担任管道运营商和建设项目的承包商。④ 然而受制于美伊关系的反复和资金、环境等因素,该项目并未得到国际资本的青睐,

---

① 《塔利班有意参与 TAPI 天然气管道建设》,2021 年 8 月 18 日,兰州大学土库曼斯坦研究中心网,http://tkmst.lzu.edu.cn/detail.php?aid=13343。

② S. M. Sadat, "TAPI and CASA – 1000: Win – Win Trade between Central Asia and South Asia", *Norwegian Institute of International Affairs: OSCE Academy*, No. 25, 2015, p. 18.

③ A. R. Rajpoot and S. Naeem, "Geopolitics of Energy Pipelines: Case Study of TAPI and IP gas Pipeline", *International Journal on Integrated Education*, Vol. 3, No. 8, 2020, p. 20.

④ 陈本昌:《21 世纪以来俄印能源合作的进展、动因及影响分析》,《东北亚论坛》2020 年第 6 期。

进展缓慢。美国也对印度施加压力，要求其退出 IPI 项目。①

TAPI 管道建设和南亚市场是土库曼斯坦新时期的重点关注对象。TAPI 曾被称为"梦想管道"，中亚、南亚各国希望这条管道能使国家间的合作更加紧密，给地区带来和平与发展。一旦中亚和南亚之间出现能源通道，两个区域的能源合作将改变土库曼斯坦天然气出口乃至中亚能源出口的格局，给欧亚大陆能源供需局势带来长期且深远的影响。

TAPI 管道和南亚市场的开发，充分表现出土库曼斯坦新时期对外战略的转变。土库曼斯坦天然气出口的传统是将天然气运至边境，接下来的管道建设、投资及输送均由消费国负责。其本意是避开与周边国家的纷争，减少风险，然而这种合作方式已经不适合如今的能源市场。② 目前，TAPI 管道建设由过境四国组成的财团负责，土库曼斯坦天然气公司作为牵头人，独占 85% 的份额。这说明土库曼斯坦正在逐渐改变自己的合作方式，以迎合市场并满足自身能源出口战略的需要，对土而言，这是巨大的转变与挑战。

---

① Sebastien Peyrouse, *Turkmenistan: Strategies of power, dilemmas of development*, London and New York: Routledge, 2015, p. 186.
② 梁萌等：《土库曼斯坦的天然气工业与出口多元化》，《油气储运》2020 年第 2 期。

4. 欧洲方向的天然气出口

2009年7月，土库曼斯坦同德国莱茵（RWE）集团签署了向欧洲供应天然气的长期合作备忘录，其中提到经由里海海底的天然气运输管道将成为纳布科天然气管道项目的一部分。[①] 然而在规划气源地时，发现真正可行的只有阿塞拜疆沙赫杰丹兹气田每年可供气100亿—200亿立方米，[②] 其他中亚—里海资源国尽管有出口意愿，却难以提出相应可实施的管道方案，尤其是跨里海管道受到了里海周边国家的强烈反对。

纳布科天然气管道项目在2013年中期因为气源问题正式宣布"流产"，随后欧盟将"南部天然气走廊"计划提上日程。跨里海天然气管道作为计划中的拓展性管道，成功的关键在于该计划能否获得充足的气源。[③] 2015年，土库曼斯坦在境内修建了"东—西"天然气输送管道，以保证西售气源的充足稳定，为后续向欧洲供气作准备。[④]

[①] 李冉：《天然气管道外交与地缘政治博弈》，中国社会科学出版社2020年版，第98页。

[②] 李冉：《天然气管道外交与地缘政治博弈》，中国社会科学出版社2020年版，第110页。

[③] 潘楠：《欧盟南部天然气走廊计划及其影响》，《国际石油经济》2016年第9期。

[④] Yusin Lee, "Turkmenistan's East – West Gas Pipeline: Will it Save the Country from Economic Decline?", Problems of Post – Communism, Vol. 66, No. 3, 2019, pp. 211 – 223.

"东—西"天然气管道于当年通气，设计运力300亿立方米。天然气离开土库曼斯坦后的管道过境线路，是土欧天然气贸易的主要问题。目前土库曼斯坦天然气西售有以下三条可能的线路。

第一条是往北过境俄罗斯和哈萨克斯坦的沿里海管道（Caspian Coastal Gas Pipeline）。为防止欧洲绕过俄罗斯直接获得中亚气源，俄罗斯提出修建一条沿着"中亚—中央"3号管道（因年久失修已停止输气）平行铺设的新管道，原计划于2009年上半年开工建设。然而该方案违背土库曼斯坦和欧盟摆脱对俄出口依赖的意愿，因此没能得到土、欧方面的主动回应，至今没有下文。

第二条是过境伊朗和土耳其的管道线路。"土库曼斯坦—伊朗—土耳其"天然气输送项目由伊朗提出，绝大部分管道在伊朗境内。跨里海管道项目搁置后，2017年，土库曼斯坦提议过境伊朗向土耳其、伊拉克出口天然气，遭到伊朗国家天然气公司的拒绝，但伊朗随即称土库曼斯坦可过境伊朗向阿塞拜疆和亚美尼亚出口天然气。随着伊朗、土库曼斯坦和阿塞拜疆三国天然气互换协议的达成，这条运输线路将成为跨里海天然气管道项目最有力的竞争对手。

第三条则是一开始计划的跨里海管道路线。该路线在1998年由美国最先提出，计划铺设穿越里海海底的天然气输送管道，将土库曼斯坦和阿塞拜疆的天然气运输到欧洲，对接欧盟与土耳其、阿塞拜疆等国近年来大力推动的"南部天然气走廊"项目。此项目旨在将阿塞拜疆的天然气经格鲁吉亚、土耳其等国输入欧洲，主力气源是包括阿塞拜疆沙赫丹尼兹气田在内的整个里海区域气田，目前该项目中阿塞拜疆境内的管道已经开始向西供气。

理论上，这条跨里海天然气管道的修建不仅能使阿塞拜疆成为一个重要的天然气出口国，带来巨大的经济利益，而且还能通过转运中亚天然气成为东、西方天然气运输枢纽，增强阿塞拜疆在能源市场上的话语权，极大地提高其国际影响力。从出口量来看，虽然2020年阿塞拜疆和俄罗斯对土耳其的天然气出口量不相上下，但在欧洲市场，阿塞拜疆的出口量不及俄罗斯的1/10，很大原因是阿塞拜疆自身的气源供给不足。实际上，在欧洲提出的"南部天然气走廊"计划中，阿塞拜疆只作为能源中转点，更关键的供应源是土库曼斯坦、伊朗、伊拉克等国。因为当时这些国家暂时无法为此管道提供足够的天然气，而阿塞拜疆恰好发现了沙赫丹尼兹气田，便暂时成为主要气源地。跨里海天然气管道的修建受到了沿线各国的欢迎，然而该管道至今没能建成，主要有以下两个原因。

第一，管道建设难度大，成本惊人，各方在出口合作模式上存在分歧。阿塞拜疆此前斥巨资参与"南部天然气走廊"境内管线的建设，短时间内无力进行东边跨里海的建设项目，且同为气源国，阿塞拜疆对竞争者的天然气过境难免抱有一定迟疑。而土库曼斯坦一向不承担境外管道的建设任务，况且土本身的基础设施建设能力不足，技术落后，缺乏资金，根本没有足够能力承担该项目的建设。卢克石油公司曾提出在阿塞拜疆和土库曼斯坦的两个大型气田之间建设一条输气管道，仅长 78 千米，成本约为 5 亿美元，[①] 这比建设整条里海管道的成本低了 2/3。然而两个气田之间的互通还需要考虑其他因素，例如，在开采后、供气前，需要对天然气进行加工以提取氦气等珍稀资源，[②] 相应的加工厂一般建在岸上的安全地带，因此在实际操作中，两国气田互通这个方案难度较高。

第二，美国和欧盟将里海地区视为地缘政治的要冲，希望借能源合作参与到里海地区的事务之中。修建跨里海天然气管道不仅能加强与里海区域国家的能源合作，削弱俄罗斯在欧洲能源市场的主导地位，更能在俄罗斯控制下的后苏联空间撕开一道口子，制衡

[①] Luke Coffey, "Oil and Gas Exports from Central Asia Should Bypass Russia and Iran—What the U. S. Can Do", *The Heritage Foundation*, March 23, 2020, http://report.heritage.org/ib5048.

[②] 潘楠:《欧盟南部天然气走廊计划及其影响》,《国际石油经济》2016 年第 9 期。

俄罗斯在该地区的影响力。

由于跨里海管道一直处于规划状态，这使更多的国家得以参与管道铺设的博弈，尤其是阿塞拜疆和土耳其。阿塞拜疆希望为已有的"俄罗斯—阿塞拜疆"天然气管道引入新的气源，实现其建设东西运输枢纽的计划。土耳其扼守欧洲南部门户，目前进入南欧的天然气绝大部分都需要经过土耳其中转。管道建成后，中亚—里海地区与欧洲天然气贸易量的提升，有利于土耳其建设能源运输和贸易中转中心，增加其在能源市场的议价能力。[1]

5. 俄罗斯方向的天然气出口

继1997年俄土天然气贸易摩擦后，2009年，双方再次因管道爆炸以及气价等矛盾降低天然气交易量，两国关系也降至冰点；[2] 2016年，土库曼斯坦彻底停止向俄罗斯供应天然气。2018年，俄罗斯主导签订《里海法律地位公约》，两国再次握手言和，随后俄罗斯的天然气公司宣布重返土库曼斯坦能源市场。2020年，俄罗斯天然气工业股份公司从土库曼斯坦实际采

---

[1] Amir Jafarzadeh et al, "Possibility of potential coalitions in gas exports from the Southern Corridor to Europe: a cooperative game theory framework", *OPEC Energy Review*, 2021, p. 20.

[2] I. Overland, "Natural gas and Russia – Turkmenistan relations", *Russian Analytical Digest*, Vol. 56, No. 9, 2009, pp. 9–13.

购了38亿立方米天然气，占土库曼斯坦天然气出口的12%。两国的天然气贸易至今仍在进行，也取得很多成果，但是双方关于天然气出口的矛盾始终无法从根本上消除。作为地区内两个重要的天然气出口国，俄、土的目标市场高度重叠，双方既相互需要又不得不彼此防备。

俄罗斯高价从土库曼斯坦购买天然气以维持自己在地区能源出口中的主导权，然而国际天然气价格的低迷使其无法承担其中的差价，两国的天然气危机大多在天然气价格大幅降低的年份发生。虽然2009年年底两国达成新的价格协议，约定两国共同建设相关输气管道向欧洲供应天然气，还达成了根据市场原则[1]购买天然气的共识，然而俄罗斯在经济上已经无法大量购买土库曼斯坦天然气，土库曼斯坦也不愿意再次陷入依赖俄罗斯出口天然气的局面，最终两国只是维持一定的贸易额。

从"建设性中立"到"开放中立"，土库曼斯坦建成了通往中国、伊朗等可信赖国家和中间国家的天然气出口通道，获得了更多的能源合作伙伴，合作水平逐渐提升。随着与中国天然气贸易量的增加，土库

---

[1] 俄土双方形成了新的定价机制，根据"净倒算法"（Net Back）原则，以欧洲市场均价减去运输费和一般"合理"费用之后的价格为实际购买价格。

曼斯坦认为出现了新的出口依赖风险，因此开发南亚、欧洲市场的紧迫性上升。这与其中立外交战略密不可分。虽然别尔德穆哈梅多夫施行的"开放中立"在一定程度上改变了土库曼斯坦能源出口通道的单一性，为本国天然气开辟了东亚市场，但其中立外交内在排他性没有得到根本转变。油气管道建设对国家间的互信水平和战略协作程度要求很高，土库曼斯坦中立身份对自主性的维护限制了其与一些国家深度合作，这是土库曼斯坦在南亚和欧洲方向管道项目难以取得进展的一个因素。

五　结语

中立国和资源国的双重国家身份，决定了土库曼斯坦外交政策的基本导向。自独立以来，土库曼斯坦在中立身份的指引下，依托丰富的资源，积极开展能源外交，天然气出口通道从单一走向多元，逐步构建起多层次的能源合作伙伴网络，形成了能源出口的多元化格局。本报告追踪土库曼斯坦天然气出口通道自独立以来的变化发展，指出中立身份内涵的变化，即从较为强调独立自主到积极开放，是天然气出口多元化取得显著成果的一大原因。与此同时，土库曼斯坦的积极开放仍在中立身份的框架下，表现出保守、独立的一面，这限制了部分对外能源合作的深度和广度，较其他国家更容易形成出口依赖。因此，中立身份对土库曼斯坦天然气出口的多元化，既是助力也是需要调整内涵的动态因素。

中亚—里海地区位于欧亚大陆的心脏地带，从19

世纪沙俄和英帝国为争夺该地区控制权展开"大博弈"以来，长期是地缘政治竞争十分激烈的区域。苏联解体之后，该地区事务一直处于大国博弈的氛围之中，因此各国都需采取必要的方式维护本国的独立自主。作为这一地区的中立国，土库曼斯坦一直大力主张和平解决国际争端。在争取国际对其永久中立地位支持期间，土库曼斯坦多次充当地区冲突调停者的角色。在处理地区冲突上的经验证明，土库曼斯坦具有成为维护地区和平中心的实力。随着中立地位得到承认，虽然每年仍有一些国际和地区性会议在阿什哈巴德召开，但土库曼斯坦在处理地区争端上不再像过去那么主动。可以发现，冷战后小国采取中立身份具有更为丰富的内涵，如土库曼斯坦希望通过将能源出口与中立外交结合起来，形成独特的中立特质，以此从国际社会获取对本国永久中立地位的承认，同时维护出口利益并扩大影响。

土库曼斯坦开国领袖尼亚佐夫指出，"亚洲大陆任何时候都找不到不附加任何条件就能解决尖锐国际问题的场所……新的政治现实使得有必要在我们这个地区建立类似的中心"[1]。中亚需要一个协调国际能源问题的多边机制。土库曼斯坦身兼地区能源出口大国和

---

[1] ［土库曼斯坦］萨·阿·尼亚佐夫：《永久中立 世代安宁》，赵常庆等译，东方出版社1996年版，第20页。

中立国家的双重身份，通过主动维护地区和平稳定，以更积极的姿态运用自身中立优势，与相关大国一道，在处理地区能源争端、建设国际油气治理体系和维持全球油气地缘政治平衡中发挥重要作用。如此，土库曼斯坦灵活改变中立身份的内涵，不仅能为解决本国能源出口的依赖危机创造条件，还能在国际社会塑造正面的负责任形象，进而在国际体系和地区事务中确立自身的地位。

参考文献

一 中文文献

（一）中文专著

李冉：《天然气管道外交与地缘政治博弈》，中国社会科学出版社2020年版。

罗英杰：《国际能源安全与能源外交》，时事出版社2020年版。

孙力主编：《中亚黄皮书：中亚国家发展报告（2021）》，社会科学文献出版社2021年版。

田野等：《国际贸易与政体变迁：民主与威权的贸易起源》，中国社会科学出版社2019年版。

王海运、许勤华：《能源外交概论》，社会科学文献出版社2012年版。

王利众、许金铭、乌亚罕编：《"一带一路"国别概览——土库曼斯坦》，大连海事大学出版社 2018年版。

徐小杰等：《俄罗斯及中亚西亚主要国家油气战略研究》，中国社会科学出版社 2017 年版。

燕继荣主编：《政治学十五讲》，北京大学出版社 2013 年版。

张文木：《世界地缘政治中的中国国家安全利益分析》，山东大学出版社 2000 年版。

［美］科恩：《地缘政治学：国际关系的地理学》，严春松译，上海社会科学院出版社 2011 年版。

［美］肯尼思·华尔兹：《国际政治理论》，信强译，上海人民出版社 2008 年版。

［美］塞缪尔·P. 亨廷顿：《变化社会中的政治秩序》，王冠华、刘为等译，上海人民出版社 2015 年版。

［土库曼斯坦］尼亚佐夫：《鲁赫纳玛》（the Ruhnama），李京洲、刑艳琦、侯静娜等译，土库曼斯坦国家出版局 2003 年版。

［土库曼斯坦］萨·阿·尼亚佐夫：《永久中立　世代安宁》，赵常庆等译，东方出版社 1996 年版。

（二）中文文章

包毅：《中亚国家政治发展进程中的政治稳定与政治危机》，《俄罗斯东欧中亚研究》2016 年第 1 期。

陈本昌：《21世纪以来俄印能源合作的进展、动因及影响分析》，《东北亚论坛》2020年第6期。

段秀芳、李凯凌：《新时期中亚地区经贸一体化背景、现状及前景探析》，《河北工程大学学报》（社会科学版）2021年第2期。

冯源：《突厥语国家加速一体化进程》，《光明日报》2021年11月18日第15版。

龚猎夫：《积极中立 世代安宁——透视土库曼斯坦的中立政策》，《国际问题研究》2008年第2期。

何金科：《安全合作与中亚互惠共同体的构建：基于共生理论的研究》，《国际关系研究》2020年第6期。

何金科：《中亚安全共同体与中亚一体化趋势研究》，《国外理论动态》2020年第1期。

鞠豪：《欧盟的中亚战略解析：规范与利益》，《俄罗斯东欧中亚研究》2020年第6期。

赖毅：《中亚五国期待上合峰会取得务实成果》，《经济日报》2021年9月16日。

Suvalova Yuliya、李鲁奇、孔翔：《土库曼斯坦外商直接投资环境研究》，《世界地理研究》2020年第2期。

梁萌等：《俄罗斯与中亚国家的油气过境运输现状及启示》，《油气储运》2019年第10期。

梁萌等：《土库曼斯坦的天然气工业与出口多元化》，《油气储运》2020年第2期。

潘楠：《欧盟南部天然气走廊计划及其影响》，《国际石油经济》2016年第9期。

庞昌伟、褚昭海：《土库曼天然气出口多元化政策与决策机制分析》，《俄罗斯研究》2009年第6期。

庞昌伟：《里海油气管道地缘政治经济博弈态势分析》，《俄罗斯研究》2006年第2期。

秦屹、陈凤、王国念：《部族文化与土库曼当代社会》，《世界民族》2016年第6期。

苏华、王磊：《"丝绸之路经济带"建设背景下的我国与中亚能源合作新模式探析》，《经济纵横》2015年第8期。

孙超：《国家构建、民主化回应与中亚政治稳定的形成》，《国际关系研究》2019年第3期。

汪金国、王志远：《独联体国家〈反恐怖主义法〉：基础、框架、特征与挑战》，《兰州大学学报》（社会科学版）2021年第5期。

王海燕：《土库曼斯坦天然气多元化出口战略（1991—2015）：一项实证主义分析》，《俄罗斯研究》2015年第5期。

王海燕：《中国与中亚能源合作的新进展与新挑战》，《国际石油经济》2016年第7期。

王术森、曾向红：《大国中亚地区外交新态势》，《现代国际关系》2020年第10期。

王四海、秦屹:《中亚国家在建设丝绸之路经济带中的重要作用——以土库曼斯坦为例》,《俄罗斯东欧中亚研究》2016 年第 5 期。

王四海:《土伊天然气纠纷有玄机》,《中国石化》2017 年第 1 期。

王四海、魏锦:《对土库曼人及其民族国家构建的若干认知——基于历史与现实观察视角》,《青海民族研究》2021 年第 3 期。

吴宏伟、肖飞:《土库曼人传统社会结构探析》,《中亚研究》2014 年第 5 期。

徐刚:《欧盟中亚政策的演变、特征与趋向》,《俄罗斯学刊》2016 年第 2 期。

许涛:《土库曼斯坦:卡拉库姆沙漠中的发展奇迹》,《中国投资》2015 年第 8 期。

杨宇:《能源地缘政治视角下中国与中亚—俄罗斯国际能源合作模式》,《地理研究》2015 年第 2 期。

曾向红:《美国新中亚战略评析》,《国际问题研究》2020 年第 2 期。

张磊:《"丝绸之路经济带"框架下的能源合作》,《经济问题》2015 年第 5 期。

张霞:《土库曼斯坦天然气出口多元化面临的挑战》,《国际研究参考》2016 年第 7 期。

赵龙庚:《土库曼斯坦:改革开放走新路》,《和平与发展》2008年第2期。

赵守义等：《跨国天然气管道与中国选项——中亚各国及蒙古国博弈管道过境国分析》，《国际石油经济》2020年第10期。

［土库曼斯坦］齐纳尔·鲁斯捷莫：《中立的土库曼斯坦——稳定与和平的保障》，《光明日报》2015年12月12日第5版。

（三）中文网络文献

中国驻土库曼斯坦大使馆经济商务处：《对外投资合作国别（地区）指南——土库曼斯坦（2020年版）》，http://www.mofcom.gov.cn/dl/gbdqzn/upload/tukumansitan.pdf。

二 英文参考文献

Adil Rand Rajpoot and Sharyl Naeem, "Geopolitics of Energy Pipelines: Case Study of TAPI and IP gas Pipelines", *International Journal on Integrated Education*, Vol. 3, No. 8, 2020.

Adrienne L. Edgar, "Genealogy, Class, and 'Tribal Policy' in Soviet Turkmenistan, 1924–1934", *Slavic Review*, Vol. 60, No. 2, 2001.

Amanberdi Begjano, "Turkmenistan's Energy Exportation Deals With Iran", *International Academic Journal*, Vol. 5, No. 1, 2021.

Amir Jafarzadeh et al, "Possibility of potential coalitions in gas exports from the Southern Corridor to Europe: a cooperative game theory framework", *OPEC Energy Review*, 2021.

Annette Bohr, "Turkmenistan: Power, politics and Npetro-authoritarianism", Russia and Eurasia Programme, Chatham House, Royal Institute of International Affairs, Research Paper, 2016.

Asma Jahangir, "Promotion and Protection of all Human Rights, Civil, Political, Economic, Social and Cultural Rights, Including the Right to Development", A/HRC/10/8/Add. 4, 12 January 2009, p. 13.

A. Vepayev and O. Deniz, "Production and Consumption Trends of Natural Gas of Turkmenistan The Years from 2009 to 2019", *Journal of Scientific Perspectives*, Vol. 4, No. 4, 2020.

Boris O. Shikhmuradov, "Positive Neutrality as the Basis of the Foreign Policy of Turkmenistan", *Perception: Journal of International Affairs*, Vol. 2, No. 2, 1997.

BP, BP Statistical Review of World Energy, June 2021.

Charles J. Sullivan, "Neutrality in Perpetuity: Foreign Policy Continuity in Turkmenistan", *Asian Affairs*, Vol. 51, No. 4, 2020.

Christine Agius and Karen Devine, "'Neutrality: A Really Dead Concept?' A Reprise", *Cooperation and Conflict*, Vol. 46, No. 3, 2011.

D. Elena, "The Key Role of The Energy – Related Factors in Current Russian – Turkmen Relations", *Russia and the Moslem World*, Vol. 310, No. 4, 2020.

E. G. Garbuzarova, "Russia in Turkmenistan: the Policy of Strengthening Cooperation", *Post – Soviet Issues*, Vol. 7, No. 1, 2020.

Gawdat Bahgat, "Pipeline diplomacy: The geopolitics of the Caspian Sea region", *International Studies Perspectives*, Vol. 3, No. 3, 2002.

Giovanni Sartori, "Concept Misformation in Comparative Politics", *The American Political Science Review*, Vol. 64, No. 4, 1970.

I. Arinç and S. Elik, "Turkmenistan and Azerbaijan in European gas supply security", *Insight Turkey*, Vol. 12, No. 3, 2010.

Indra Overland, Heidi Kjærnet and Andrea Kendall – Taylor, *Caspian Energy Politics: Azerbaijan, Kazakhstan and Turkmenistan*, London and New York: Routledge, 2010.

I. Overland, "Natural gas and Russia – Turkmenistan relations", *Russian Analytical Digest*, Vol. 56, No. 9, 2009.

Ishanguly Jumayev, "Foreign Trade of Turkmenistan: Trends, Problems and Prospects", *University of Central Asia – Institute of Public Policy and Administration (IPPA) Working Paper*, No. 11, 2012.

I. S. Zonn, S. S. Zhiltsov and A. V. Semenov, "Export of hydrocarbons from Turkmenistan: Results and perspectives", in Zhiltsov eds., *Oil and gas pipelines in the Black – Caspian Seas Region*, Springer International Publishing, 2016.

Kathleen J. Hancock, "Escaping Russia, Looking to China: Turkmenistan Pins Hopes on China's Thirst for Natural Gas", *China and Eurasia Forum Quarterly*, Vol. 4, No. 3, 2006.

Laurent Goetschel, "Neutrality, a Really Dead Concept?", *Cooperation and Conflict*, Vol. 34, No. 2, 1999.

Luca Anceschi, "Integrating Domestic Politics and Foreign Policy Making: The Cases of Turkmenistan and Uzbekistan", *Central Asian Survey*, Vol. 29, No. 2, 2010.

Luca Anceschi, "Turkmenistan and the virtual politics of

Eurasian energy: the case of the TAPI pipeline project", *Central Asian Survey*, Vol. 36, No. 4, 2017.

Luca Anceschi, *Turkmenistan's foreign policy: Positive neutrality and the consolidation of the Turkmen regime*, London and New York: Routledge, 2008.

Luke Coffey, "Oil and Gas Exports from Central Asia Should Bypass Russia and Iran—What the U.S. Can Do", *The Heritage Foundation*, March 23, 2020.

Martha B. Olcott, "Turkmenistan: Real Energy Giant or Eternal Potential?", *James A. Baker III Institute for Public Policy Rice University*, 2013, https://www.bakerinstitute.org/media/files/Research/360e14e8/CES-pub-GeogasTurkmenistan2-121013.pdf.

M. Denison, "The EU and Central Asia: Commercialising the Energy Relationship", *EU-Central Asia Monitoring Working Paper*, No. 2, 2009.

M. S. Roy, "Strategic Importance of Turkmenistan for India", *Strategic Analysis*, Vol. 35, No. 4, 2011.

Paul Stronski, "Turkmenistan at twenty-five: The high price of authoritarianism", *Carniege Endowment for International Peace*, 2017.

R. Ibrahimov, "Energy strategy development of Azerbaijan, Turkmenistan and Uzbekistan: A Comparative Analysis",

Khazar Journal of Humanities and Social Sciences, Vol. 21, No. 2, 2018.

Sayed Masood Sadat, "TAPI and CASA – 1000: Win – Win Trade between Central Asia and South Asia", *Norwegian Institute of International Affairs: OSCE Academy*, No. 25, 2015.

Sebastien Peyrouse, *Turkmenistan: Strategies of power, dilemmas of development*, London and New York: Routledge, 2015.

Shahram Akbarzadeh, "National identity and political legitimacy in Turkmenistan", *Nationalities Papers*, Vol. 27, No. 2, 1999.

İshak Turan, "Turkmenistan's Energy Independence Policy Regarding Sino – Russian Competition: The Role of Permanent Neutrality in The New Great Game", *Avrasya Sosyal ve Ekonomi Araştırmaları Dergisi*, Vol. 8, No. 2, 2021.

U. S. Commission on International Religious Freedom, Annual Report of The U. S. Commission on International Religious Freedom, April 2021.

Vasánczki, Luça Zs., *Gas Exports in Turkmenistan, Institute francais des relations internationales (IFRI)*, November 2011.

Victoria Clement Department of National Security Affairs, Naval Postgraduate School, "Articulating national identity in Turkmenistan: inventing tradition through myth, cult and language", *Nations and Nationalism*, Vol. 20, No. 3, 2014.

Yusin Lee, "Turkmenistan's East – West Gas Pipeline: Will it Save the Country from Economic Decline?", *Problems of Post – Communism*, Vol. 66, No. 3, 2019.

孙超，男，1987年12月生，安徽六安人，江苏省委党校国际问题研究中心副教授，江苏省"333高层次人才培养工程"中青年科学技术带头人，华东师范大学俄罗斯研究中心青年研究员，辽宁大学俄罗斯东欧中亚研究中心青年研究员，江苏省党校系统社科英才。曾入选复旦大学国政系卓越博士计划，获法学博士学位。主要从事欧亚地区国际关系、独联体各国国家建设及民族分离问题研究，在《国际问题研究》《欧洲研究》《俄罗斯东欧中亚研究》《俄罗斯研究》等核心期刊发表学术论文20余篇，撰写专著1本、国际评论类文章多篇。现主持国家课题1项，参与完成国家级、省部级课题6项，曾连续三年荣获江苏省党校系统科研奖、谢希德美国研究奖。

吴靖，女，1996年5月生，福建厦门人，江苏省委党校国际问题研究中心助理研究员。2014年毕业于北京师范大学历史学院，期间独立主持江苏省研究生科研创新实践活动项目。参与多个国家级课题，在核心期刊上发表过相关学术论文。